2014 版

U0733320

中资银行
海外机构名录

中国银监会国际部　编

中国金融出版社

责任编辑：任　娟
责任校对：孙　蕊
责任印制：丁淮宾

图书在版编目（CIP）数据

中资银行海外机构名录（2014 版）（Zhongzi Yinhang Haiwai Jigou
Minglu．2014 ban）/中国银监会国际部编 .—北京：中国金融出版
社，2014. 12

ISBN 978 - 7 - 5049 - 7725 - 0

Ⅰ. ①中… 　Ⅱ. ①中… 　Ⅲ. ①跨国银行—中国—名录
Ⅳ. ①F832. 3 - 62

中国版本图书馆 CIP 数据核字（2014）第 276917 号

出版
发行　中国金融出版社

社址　北京市丰台区益泽路 2 号
市场开发部　（010）63266347，63805472，63439533（传真）
网 上 书 店　http://www.chinafph.com
　　　　　　（010）63286832，63365686（传真）
读者服务部　（010）66070833，62568380
邮编　100071
经销　新华书店
印刷　北京松源印刷有限公司
装订　平阳装订厂
尺寸　169 毫米 × 239 毫米
印张　13.75
字数　160 千
版次　2014 年 12 月第 1 版
印次　2014 年 12 月第 1 次印刷
定价　32.00 元
ISBN 978 - 7 - 5049 - 7725 - 0/F. 7285
如出现印装错误本社负责调换　联系电话（010）63263947

本书编委会

组长：范文仲　　张利星

成员：卢　巍　　吴　婕

　　　李　伟　　张　璐

　　　张惠智　　李诗阳

序

　　自 20 世纪 70 年代末以来，我国银行业始终坚持对外开放的基本国策，经历了从最初的以"引进来"为主，发展到目前的"引进来"与"走出去"并行阶段。在此过程中，一方面，我国不断完善相关法律法规，履行加入世贸组织承诺，逐步取消了对外资银行的地域和业务限制，使得外资银行在华取得了快速、良好的发展；另一方面，我国银行业也不断借助对外开放，学习借鉴先进的国际经营和管理经验，推动相关体制机制改革，银行公司治理、风险管理和服务水平不断提高，竞争力不断增强。

　　近年来，随着经济全球化和金融市场国际化的迅速发展，以及中国与全球经济金融发展的不断融合，中资企业"走出去"的步伐不断加快。相应地，中资银行也加大了海外业务的拓展力度，海外机构数量持续增加。截至 2013 年末，共有 18 家中资银行在 51 个国家和地区设立了 1127 家分支机构，其中一级机构 169 家，约是改革开放初期的 6.8 倍；中资银行海外分支机构的资产总额超过 1.2 万亿美元，是 2007 年末的 4.7 倍。

　　整体来看，中资银行海外发展近年来呈现以下主要特征。

　　一是"走出去"步伐近几年明显加快。2000 年至 2007 年末，共有 7 家中资银行在海外新设一级机构 29 家。2008 年国际金融危机后，受危机拖累的欧美银行业开始去杠杆化进程并收缩海外业务，相对稳健的中国银行业则加快了在海外市场的拓展步伐。仅 2013 年一年，中资银行在海外设立的一级机构就达 12 家。

二是覆盖地域不断扩大，呈现出向新兴经济体转移的趋势。由于在经济水平、法律制度、市场需求等方面保有相对优势，欧美等发达国家和地区传统上是中资银行"走出去"的主要目的地。然而，近年来，随着亚非拉发展中国家和新兴经济体经济实力的增强以及与我国双边贸易和投资的增长，中资银行逐步开始注重开拓该类新兴经济体市场，海外发展的重心呈现出向新兴经济体市场转移的趋势。

三是路径选择增多，以申设机构为主，并购案例不断增加。从中资银行海外发展的历史来看，大多数中资银行采用申设机构的方式作为进入海外市场的首要途径。近年来，随着经营实力不断增强，中资银行海外参股和并购的数量及金额明显增长。据不完全统计，2006 年以来中资银行海外并购案例达到 15 宗，并购地域范围涉及亚洲、非洲、北美洲、拉丁美洲等。

四是以中国银行和工商银行为代表的五大行仍然是中资银行"走出去"的主力军。五大行共设立了 1055 家海外机构，约占中资银行海外机构数量的 94%。在上述 18 家中资银行中，中国银行海外机构最多，共 619 家；其次为工商银行，共 327 家，这两家银行的海外机构数目共占全部中资银行海外机构的 84%。

五是香港始终是"走出去"的桥头堡。截至 2013 年末，所有的 169 家中资银行海外一级机构中，仅香港就拥有 31 家。单就机构数量而言，香港已是中资银行"走出去"的首选地。与此同时，随着我国企业"走出去"步伐的不断加快，对中资银行的业务需求已经不仅仅局限于存贷款、贸易融资等传统的银行业务，投资银行业务需求已日渐兴旺。香港作为国际金融中心，成为各行试水投行业务的练兵场。例如，各大行已纷纷在香港设立子公司，从事上市保荐、债券承销、财务顾问、股本融资、直接投资等多种投行业务。

伴随着改革开放的深入推进和银行业的快速发展，中国也逐步探索建立了与国际接轨、符合国情的银行业监管体系。2003年，我们成立了中国银行业监督管理委员会，专门履行银行监管职能，监管的体制机制逐步健全；颁布并适时修订了一系列法律法规；确立了以资本充足率为核心，机构、业务和风险全覆盖的审慎监管规则；不断改进监管方式和手段，监管的有效性明显增强；培养了一支具有国际视野、业务精湛、作风优良的监管队伍，监管的专业化水平得到提升。在这一过程中，中国银监会与59 家海外监管机构签署了双边监管合作谅解备忘录。近年来，中国银行监管体系顺利通过国际货币基金组织和世界银行的金融稳定评估（FSAP）和巴塞尔银行监管委员会的监管一致性评估（RCAP）。2014 年 9 月，中国银监会在天津成功承办第 18 届国际银行监督官大会，向来自全球各国、各地区的监管机构代表全方位展示了我国银行业监管取得的成果，进一步加深了各国、各地区监管当局对中国的了解。以上诸多努力和成果，也为中资银行有序、稳步"走出去"创造了良好的外部监管环境。

尽管如此，中资银行在海外发展过程中还会面临各种各样的困难和挑战。例如，由于当前中资银行"走出去"的海外网点布局相对集中，所提供的金融产品与服务缺乏多样性，难以满足企业"走出去"的相关需求。此外，面对愈加复杂的国际政治、经济环境，中资银行在国际化发展道路上还面临着市场风险、法律合规风险、政治和安全风险等国别风险，以及文化差异风险，等等。

　　为方便公众了解中资银行的海外发展情况，我们协同在海外设有分支机构的 18 家中资银行整理了各自海外发展简况和海外网点信息。希望本书的出版可以达到以下几个目的：一是帮助中资银行了解整个中国银行业的海外机构分布情况，从而有助于各家银行结合自身发展需要，更有针对性地选择海外设点目的地。二是通过提供全球各地区中资银行机构的分布情况，可以有助于包括外资银行在内的各家银行之间更有效地开展同业合作。三是帮助已经"走出去"或有志于"走出去"的中资企业了解更多的跨境金融支持渠道。四是为政府部门和学术机构开展"走出去"研究工作提供信息参考。

　　展望未来，党的十八大报告明确提出要加快"走出去"步伐，增强企业国际化经营能力，培育一批世界水平的跨国公司。在这一方针的指导下，我们将进一步扩大银行业的对外开放，统筹协调推进银行业的"引进来"和"走出去"，从而为中国实体经济的转型发展提供更加全面、便捷和安全的金融服务。

二〇一四年十月

Contents 目 录

中资银行海外发展情况简介

分地区中资银行海外机构名录

海外主要监管机构情况简介

中资银行海外发展情况简介

国家开发银行

一、海外发展历程简介

1999 年 10 月 15 日，国家开发银行香港代表处正式开业，这是国家开发银行成立的首家海外代表处，该代表处于 2009 年升格为香港分行，业务范围以香港为中心，服务于当地中资企业拓展海外业务。2009 年 11 月，国家开发银行在埃及设立开罗代表处，这是中国在埃及的首家金融分支机构。2010 年 9 月，国家开发银行莫斯科代表处正式挂牌开业。2013 年 2 月，国家开发银行在巴西设立里约热内卢代表处。各海外代表处的主要职能是负责与当地政府、金融机构、客户的联络和关系维护工作，调研及分析当地政治和经济形势，协助总行维护海外资产安全和实施风险监控，不具备对外发放贷款和对外签署融资合作协议等经营性业务职能。

二、海外发展现状

截至 2013 年末，国家开发银行共设立 1 家海外分行和 3 家代表处，具体情况如下。

（一）香港分行

1999 年 10 月 15 日，香港代表处正式开业。2009 年 7 月 29 日，香港代表处升格为分行，举行了挂牌仪式，宣告香港分行正式成立。2009 年 10 月 15 日，香港分行正式开展业务。截至 2013 年末，香港分行资产总额为 3016 亿港元。业务范围以香港为中心，服务于当地中资企业拓展海外业务，支持的项目覆盖委内瑞拉、美国、德国、巴西、加拿大、澳大利亚等 20 多个国家。

（二）开罗代表处

2009 年 11 月，在中非合作论坛第四届部长会议期间，国家开发银行开罗代表处正式挂牌开业，这是中国在埃及的首家金融分支机构。开罗代表处主要负责对埃政治、经济、金融形势分析及行业调研和政府、客户关系维护。

（三）莫斯科代表处

2010 年 9 月，国家开发银行莫斯科代表处正式挂牌开业。莫斯科代表处主要负责对俄罗斯政治、经济、金融形势分析及重点行业调研，配合中俄两国经济外交及重点领域合作。

（四）里约热内卢代表处

2013 年 2 月 28 日，国家开发银行里约热内卢代表处正式挂牌开业。里约热内卢代表处主要负责对巴西政治、经济、金融和重点行业的调研及分析，维护与当地政府和客户的关系。

中国进出口银行

一、海外发展历程简介

为服务国家"经济外交"战略，推动落实对非互利合作，中国进出口银行于1996年在科特迪瓦成立了第一家海外代表处——中西非代表处，负责非洲法语国家工作。1999年中国进出口银行在南非成立东南非代表处，负责非洲英语国家工作。因科特迪瓦战乱，中西非代表处于2005年迁址法国，成立巴黎代表处，负责非洲法语国家和欧洲业务。2007年中国进出口银行在俄罗斯成立了圣彼得堡代表处，负责推进与上海合作组织成员国、东欧等俄语国家的合作。上述海外代表处的主要职责是与当地政府、金融机构、中资企业进行联络和沟通，对辖区国家的政治与经济形势、行业和国别信息进行调研，协助总行维护海外资产安全和实施风险监控。

2013年，巴黎代表处升格为巴黎分行，成为中国进出口银行首家海外营业性分支机构。巴黎分行的成立为中国进出口银行提供了一个更加贴近市场和客户的金融服务平台，可为中国企业"走出去"，为促进中法、中欧经贸往来与合作提供更全面、更便捷、更专业的优质服务。

二、海外发展现状

截至2013年末，中国进出口银行已设立了1家海外分行和2家海外代表处，业务辐射范围涉及非洲、欧洲和亚洲的82个国家。具体情况如下。

（一）巴黎分行

巴黎分行于2013年10月29日正式成立，是中国进出口银行首家海外分行，持有法国银行业务牌照，按照法国金融法律和国际惯例运作，经营服务范围为欧洲，提供全方位金融服务。截至 2013 年末，巴黎分行资产总额为 4200 万美元。

（二）东南非代表处

东南非代表处于 1999 年正式成立，注册地为南非约翰内斯堡，辐射范围包括 28 个非洲英语国家，具体为南非、博茨瓦纳、津巴布韦、莱索托、斯威士兰、马达加斯加、毛里求斯、安哥拉、赞比亚、马拉维、莫桑比克、纳米比亚、肯尼亚、坦桑尼亚、乌干达、塞舌尔、科摩罗、加纳、尼日利亚、苏丹、南苏丹、埃及、埃塞俄比亚、厄立特里亚、索马里、吉布提、卢旺达、布隆迪。

（三）圣彼得堡代表处

圣彼得堡代表处于 2007 年正式成立，注册地为俄罗斯圣彼得堡，辐射范围包括原独联体地区 12 个国家，具体为俄罗斯、哈萨克斯坦、吉尔吉斯斯坦、塔吉克斯坦、乌兹别克斯坦、土库曼斯坦、格鲁吉亚、阿塞拜疆、亚美尼亚、白俄罗斯、乌克兰、摩尔多瓦。

中国工商银行

一、海外发展历程简介

从 1992 年设立第一家海外机构起步，经过 20 多年的国际化发展，中国工商银行实现了海外业务的跨越式发展。2000 年以前，中国工商银行主要以自主申设方式在周边国家及主要金融中心设立机构。2000—2005 年，中国工商银行立足中国加入世贸组织大背景，坚持自主申设与战略并购并举、新兴市场与成熟市场并举，先后多次对港资银行与欧资银行进行并购整合，打造在港经营旗舰工银亚洲，迎来了国际化发展较快的时期。2006 年以来，中国工商银行依托股改上市契机，把握国际金融危机带来的准入放宽机遇期，积极稳妥地实施自主申设与战略并购并举策略，实施了对印度尼西亚哈林姆（Halim）银行、中国澳门诚兴银行、加拿大东亚银行、泰国 ACL 银行、美国东亚银行、阿根廷标准银行、富通证券（北美）证券清算业务部门等的一系列并购，收购了南非标准银行 20% 的股权，通过申设进入了阿联酋、卡塔尔、越南、马来西亚等国市场。目前，中国工商银行已经建立起横跨亚、非、拉、欧、美、澳六大洲的牌照完备、运营高效、服务优良的全球服务网络，并作为南非标准银行最大单一股东，进入非洲 18 个国家的金融市场。

二、海外发展现状

截至 2013 年末，中国工商银行海外资产总额 2091.63 亿美元，在海外设立一级机构 45 家（含香港培训中心）、二级机构 282 家。海外机构覆盖 40 个国家和地区，具体包括中国香港、中国澳门、韩国、日本、越南、新加坡、泰国、印度尼西亚、马来西亚、巴基斯坦、阿联酋、卡塔尔、哈萨克斯坦、英国、德国、卢森堡、法国、比利时、荷兰、意大利、西班牙、俄罗斯、澳大利亚、美国、加拿大、葡萄牙、开曼、英属维尔京群岛、印度、南非、缅甸、柬埔寨、老挝、波兰、沙特、科威特、阿根廷、秘鲁、巴西、新西兰。

中国农业银行

一、海外发展历程简介

从 1993 年设立第一家海外机构起步，经过 20 多年的发展，中国农业银行在海外布局与经营方面取得了长足进展。20 世纪 90 年代初，在中资企业逐步探索海外经营的大背景下，中国农业银行结合客户发展需求和自身实际情况，于 1993 年在英国设立了伦敦代表处，迈出了海外发展的第一步。在随后的 5 年间，中国农业银行陆续设立了新加坡代表处、香港代表处、东京代表处和纽约代表处。1995 年，中国农业银行将香港代表处和新加坡代表处升格为分行，正式开启海外经营。2008 年以来，中国农业银行以股份制改革为契机，紧紧抓住客户国际化、人民币国际化带来的市场机遇，以自主申设为主，加速海外机构布局与发展，一方面将前期设立的代表处升格为经营机构，另一方面在周边国家和地区及全球主要金融中心新设机构，逐步搭建起覆盖亚洲、欧洲、美洲和大洋洲的跨境金融服务骨干网络。

二、海外发展现状

截至 2013 年末，中国农业银行共在 11 个国家和地区设立了 13 家海外一级机构，包括 10 家经营机构〔香港、新加坡、首尔、纽约、迪拜、东京、法兰克福分行，中国农业银行（英国）有限公司，农银国际控股有限公司，农银财务有限公司〕和 3 家代表处（悉尼、温哥华、河内代表处）。其中，农银国际控股有限公司下设 8 家二级机构。截至 2013 年末，中国农业银行海外机构资产总额达 580.93 亿美元，在全行总资产中占比为 2.43%。

中国银行

一、海外发展历程简介

中国银行是最早赴海外发展的中资银行。自 1929 年设立伦敦经理处以来，中国银行相继在东京、新加坡、纽约等世界金融中心开设分支机构。

党的十一届三中全会拉开了中国改革开放的帷幕，中国银行作为国家对外的金融窗口，成为践行国家战略的排头尖兵。1979 年，中国银行设立卢森堡分行，这是新中国成立后中国金融机构设立的第一家海外行。1979—2007 年中国银行共在 23 个国家和地区设立机构，重点覆盖亚太（9 个国家和地区）和欧美（11 个国家），完成了在全球主要贸易和金融中心的布局。

伴随改革开放进入历史新阶段的中国银行，以"建设大型跨国银行集团"、"担当社会责任　做最好的银行"为战略指导，积极推进海外布局和机构延伸，践行国家战略，支持企业"走出去"。在完善已有机构的基础上，中国银行 2008—2013 年在 12 个国家和地区新设机构，包括 8 个亚非拉新兴市场及 4 个欧洲发达国家。

二、海外发展现状

截至 2013 年末，中国银行海外资产总额达 6308 亿美元，已在海外设立一级机构 51 家、二级机构 568 家，主要覆盖 40 个国家和地区，具体包括中国香港、中国澳门、中国台湾、新加坡、日本、韩国、泰国、马来西亚、越南、菲律宾、印度尼西亚、澳大利亚、哈萨克斯坦、柬埔寨、蒙古国、英国、德国、法国、卢森堡、比利时、荷兰、意大利、匈牙利、俄罗斯、波兰、瑞典、葡萄牙、爱尔兰、美国、加拿大、开曼群岛、巴拿马、巴西、南非、赞比亚、肯尼亚、安哥拉、巴林、阿联酋、土耳其。

中国建设银行

一、海外发展历程简介

1991 年，中国建设银行设立了第一家海外机构——伦敦代表处；1995年，中国建设银行在海外的第一家经营性机构香港分行正式开业。2006 年末，中国建设银行出台《中国建设银行股份有限公司境外发展战略纲要》，确立了"做强亚洲、巩固欧非、突破美澳"的指导原则。多年来，中国建设银行认真贯彻落实各项战略要求，基本完成在全球主要金融中心的布局并具备了 24 小时不间断服务能力；海外机构网络和资产规模不断扩大，业务转型深入推进并取得积极成效；海内外联动日益深化，形成了相对成熟的多种联动产品；在业务经营、风险管理、内部控制、人才培养等方面积累了一定经验，为加快海外业务发展奠定了坚实的基础。"十二五"期间，考虑到内外部形势变化对海外业务发展提出的新要求，中国建设银行制定了《关于落实"2011—2015 年境外发展规划"的工作方案》，明确了未来中国建设银行海外业务的总体定位和发展目标，并提出了各项具体的配套工作措施。

二、海外发展现状

截至 2013 年末，中国建设银行在海外共设有 17 家一级机构和 2 家二级机构，包括香港、新加坡、法兰克福、约翰内斯堡、东京、首尔、纽约、胡志明市、悉尼、台北和卢森堡 11 家一级分行，大阪分行和墨尔本分行 2 家二级分行，建行亚洲、建行伦敦、建行俄罗斯、建行迪拜、建行欧洲和建银国际 6 家经营性全资附属子公司，共覆盖 15 个国家和地区。2013 年中国建设银行海外布局取得突破性进展。建行俄罗斯、建行迪拜、中国台北分行、大阪分行、卢森堡分行和建行欧洲 6 家机构相继开业，在港机构整合工作顺利推进，中国澳门分行、智利分行和新西兰子银行申请获得中国银监会批准。

中国建设银行现有海外机构大多设立在相对成熟与发达的国际或区域金融中心，严格遵循当地监管要求，经营管理规范，内控制度较为完善，总体状况良好。截至 2013 年末，海外机构资产总额达 1276 亿美元，海外机构税前利润为 7.06 亿美元。

交通银行

一、海外发展历程简介

交通银行成立于 1908 年，是最早尝试国际化发展的国内商业银行之一。早在创建之初，交通银行就走出国门，在印度、菲律宾、印度尼西亚等东南亚地区建立了海外分支机构，在当地享有良好声誉。1987 年重新组建后的交通银行正式对外营业，成为第一家全国性的国有股份制商业银行。组建之初，交通银行高度关注国际市场，着力拓展海外机构。20 世纪 90 年代即在纽约、东京、新加坡等地开设分支机构。此后，交通银行在首尔、法兰克福、澳门的分支机构陆续开业。2009 年，交通银行确立实施"走国际化、综合化道路，建设以财富管理为特色的一流公众持股银行集团"发展战略，秉承"追随国家发展战略、客户跟随、股东利益最大化、提升服务能力"的原则，加快海外机构建设步伐。2011 年，交通银行胡志明市分行、英国子银行、旧金山分行、悉尼分行相继开业，交通银行迎来了海外机构开业的新高峰。2012 年交通银行台北分行开业，交通银行成为首批赴台设立经营性机构的陆资银行之一。截至 2013 年末，交通银行共在香港、纽约、东京、新加坡、首尔、法兰克福、澳门、胡志明市、伦敦、悉尼、旧金山、台北设立了 12 家分（子）行，海外经营网点达到 54 个，初步形成了以亚太为主体、欧美为两翼的海外布局。交通银行将继续以"两化一行"发展战略为引领，以提高境内国际业务竞争力和服务国内企业跨国经营为主线，遵循"亚太为主体、欧美为两翼、拓展全球布局"的海外发展战略，在更大范围内建设国际化经营网络；通过稳步扩大多层次的国际经营网络体系和不断完善经营机制，增强海外机构管理水平，提升海外机构盈利能力，加强海内外联动，基本建成覆盖全球范围的财富管理平台和金融服务平台。

二、海外发展现状

截至 2013 年末，交通银行海外资产总额达 852.69 亿美元，已在海外设立一级银行机构 12 家、一级非银行机构 2 家。海外机构主要覆盖 11 个国家和地区，具体包括美国、德国、英国、日本、新加坡、韩国、越南、澳大利亚等国家及中国香港、中国澳门和中国台湾。

中信银行

一、海外发展历程简介

2009 年，中信银行完成收购中信集团及附属公司持有的全部中信国际金融控股有限公司（以下简称中信国金）股份（70.32%），2010 年中信国金 100% 控股子公司中信嘉华银行正式更名为中信银行（国际），成为中信银行重要的海外平台。中信国金的前身香港嘉华银行创立于 1922 年，中信集团于 1986 年出资 3.5 亿港元入股嘉华银行，后嘉华银行于 2002 年收购香港华人银行，嘉华银行更名为中信国金，华人银行更名为中信嘉华银行并继续经营整合后的银行业务。

振华财务于 1984 年成立于香港，中信银行于 1997 年正式控股该公司。

二、海外发展现状

截至 2013 年末，中信银行（国际）总资产为 312.16 亿美元，在香港共有 36 家分支机构，并先后在洛杉矶（1981 年）、纽约（1982 年）、开曼群岛（1994 年）、上海（2004 年）、澳门（2005 年）、新加坡（2010 年）设立了海外分行，2008 年在深圳设立了全资子行中信银行国际（中国）有限公司。

中国光大银行

一、海外发展历程简介

为了与国际同业直接建立联系，研究和学习西方商业银行的管理经验，中国光大银行香港代表处于 1997 年 8 月 18 日正式成立，这是中国光大银行首家海外机构，标志着中国光大银行开始走向国际金融舞台。2008年国际金融危机爆发之后，中国光大银行抓住机遇，在国际化发展进程中迈出了新的步伐。2012 年 12 月，中国光大银行香港代表处获得了香港金融管理局关于升格为分行的批准。后经过艰难筹备，中国光大银行香港分行于 2013 年 2 月正式开业。

二、海外发展现状

截至 2013 年末，中国光大银行海外资产总额为 3.07 亿美元，已在海外设立一级机构 1 家。中国光大银行海外机构主要辐射亚洲地区，具体包括中国香港、日本、韩国、新加坡等。

招商银行

一、海外发展历程简介

在经济金融全球化趋势进一步加快、中国企业和个人资产全球化配置强劲增长、人民币国际化步伐超常规加快的时代背景下，招商银行认真贯彻落实我国对外开放总体战略，积极响应监管机构"走出去"的号召，早在 1999 年就提出了国际化战略，并且多年来始终践行不渝。

为了与国际同业直接建立联系，研究和学习西方商业银行的管理经验，招商银行香港代表处于 1992 年 8 月 28 日正式成立，这是招商银行首家海外机构，标志着招商银行开始走向国际金融舞台。1993 年，招商银行在香港成立了海外投行机构——招银国际。2002 年 8 月 28 日，招商银行香港分行顺利开业。同年 10 月，招商银行美国代表处获得了美国联邦储备委员会的批准，招商银行成为国内第 6 家获准在美国设立分支机构的银行。后经过长时间艰难筹备，招商银行纽约分行于 2008 年 10 月正式开业，成为美国自 1991 年实施《加强外国银行监管法》以来批准中资银行成立的第一家分行，开启了中资银行以审批方式进入美国市场的大门。2008 年 9 月，招商银行以 360 亿港元并购具有 75 年历史、在香港本地银行中列第四位的永隆银行，是中国内地迄今最大、香港近 7 年来最大的银行控股权收购案例，并一举为招商银行带来美国洛杉矶、纽约以及开曼群岛 3 家海外分行。2008 年国际金融危机爆发之后，招商银行抓紧机遇，在国际化发展进程中迈出了新的步伐。2009 年 7 月招商银行伦敦代表处成立，2010 年 12 月永隆银行澳门分行开业，2011 年 3 月招商银行台北代表处成立，2013 年 11 月招商银行设立新加坡分行。目前，永隆银行旧金山分行已经获批，正在进行积极筹备。①

二、海外发展现状

截至 2013 年末，招商银行海外资产总额达 456.78 亿美元，已在海外设立一级机构 8 家、二级机构 3 家。招商银行海外机构主要辐射 7 个国家和地区，具体包括美国、英国、新加坡、开曼群岛、中国香港、中国澳门和中国台湾。

---

① 2014 年 7 月，永隆银行旧金山分行开业。

广发银行

一、海外发展历程简介

广发银行立足于广东这一改革开放的前沿阵地，积极支持发展外向型经济，1993 年 11 月 8 日正式成立广发银行澳门分行。澳门分行是广发银行唯一的海外营业机构及海外发展窗口，也是中国股份制商业银行第一家海外分行。广发银行依托澳门分行加快海内外业务联动，在资源配置上向"走出去"的中资企业倾斜。经过 20 多年的发展，广发银行澳门分行已初具经营规模，海外资产稳步增长，经营效益逐年提高。香港作为主要国际金融中心之一，汇聚了国际、国内现代化经济金融的资讯信息。为研究未来金融发展趋势和便于开展业务合作，宣传提高广发银行知名度，1996 年 4 月，经中国人民银行批准，广发银行在香港成立了海外代表处——广发银行香港代表处。香港代表处秉承"立足香港，宣传广发，服务广发"的宗旨，主要履行日常联络、信息分析、服务培训、品牌宣传等各项职责。

二、海外发展现状

截至 2013 年末，广发银行海外资产总额达 36.88 亿美元，已在海外设立一级机构 2 家（分行 1 家、代表处 1 家）、二级机构（支行）4 家。广发银行海外机构主要覆盖 1 个地区，即中国澳门。

中国民生银行

一、海外发展历程简介

中国民生银行香港代表处于 2004 年 2 月正式成立，这是中国民生银行在海外设立的第一家海外机构，标志着中国民生银行迈出了国际化战略的历史性一步，海外布局正式启动。2010 年 10 月 28 日，中国民生银行香港代表处获得中国银监会批准，升格为分行。后经过 1 年多的精心筹备，中国民生银行香港分行于 2012 年 3 月 30 日正式开业，迈出了国际化战略的历史性一步，搭建起了延伸中国民生银行境内业务的海外平台。

二、海外发展现状

截至 2013 年末，中国民生银行仅在香港设立一级机构 1 家，海外资产总额为 70 亿美元。

上海浦东发展银行

一、海外发展历程简介

2002 年 1 月 16 日，上海浦东发展银行香港代表处正式成立，这是上海浦东发展银行首家海外机构。2011 年 6 月，香港代表处升格为分行，上海浦东发展银行香港分行正式开业。香港分行是上海浦东发展银行的第一家海外分行，标志着上海浦东发展银行的国际化步伐迈出了重要一步。

2013 年 10 月，上海浦东发展银行伦敦代表处正式设立。伦敦代表处是上海浦东发展银行在欧洲的信息收集和联络协调窗口，在联系沟通当地监管机构、收集分析当地经济金融信息和同业动态、为境内客户英国机构提供业务协助、学习引进当地先进理念和创新产品、开展营业机构设立可行性研究等方面发挥了积极作用。

二、海外发展现状

截至 2013 年末，上海浦东发展银行在海外设立分行 1 家、代表处 1 家，香港分行资产总额为 55 亿美元。

平安银行

一、海外发展历程简介

1995 年深圳发展银行在香港成立香港代表处，2012 年更名为平安银行香港代表处。目前，平安银行尚在努力争取开设香港分行的资格。

二、海外发展现状

平安银行力争使香港代表处升格为分行，这对平安银行机构网点学习香港银行业先进经验，为境内企业提供离岸业务、国际业务和结算业务，实现境内、海外业务均衡发展具有重要意义。平安银行计划利用平安集团的综合金融优势，通过与平安保险（香港）、平安资产管理（香港）和平安证券（香港）等兄弟专业公司的密切合作，迅速融入当地市场，为我国"走出去"的客户提供优质、高效的综合金融服务。

北京银行

一、海外发展历程简介

北京银行香港代表处于 2008 年 11 月 26 日正式成立，这是北京银行首家海外机构。香港代表处自成立以来，在收集国际金融市场资讯、引进海外同业先进经验、建立京港两地交流渠道等方面开展了卓有成效的工作，发挥了重要的纽带作用，帮助北京银行更迅速、全面地了解国际金融市场信息和动态，为北京银行迎接利率市场化的到来，提升整体风险控制能力、营销服务能力和危机应对能力积累了宝贵经验。在不断开拓创新中，香港代表处搭建起四个平台，即信息传递平台、业务发展平台、海外交流平台、人才培训平台。

2010 年 9 月北京银行阿姆斯特丹代表处成立，标志着北京银行开始走向国际金融舞台。阿姆斯特丹代表处没有经营性业务，主要工作是负责收集、反馈荷兰及欧盟的政治、经济、金融等情况，掌握重大国际经济、金融、文化信息，撰写国际金融市场信息专刊；负责与荷兰当地政府、监管机构、中国驻荷兰使馆、金融同业进行沟通，建立良好关系；北京银行客户赴荷兰开拓业务时，协助客户与当地企业沟通联络，为客户开展业务提供联络渠道等；负责其他的沟通联络工作及协助办理赴外培训等事项。

二、海外发展现状

截至 2013 年末，北京银行已在海外设立两家代表处。北京银行海外机构主要覆盖两个国家和地区，具体包括中国香港和荷兰。

上海银行

一、海外发展历程简介

为了与国际同业直接建立联系，加强跨境联动业务，上海银行于 2013 年 5 月完成了对中国建设银行（亚洲）财务有限公司的收购，并将其更名为上海银行（香港）有限公司，于 2013 年 6 月 7 日正式对外营业。上海银行（香港）有限公司是上海银行首家也是目前唯一一家海外机构，标志着上海银行开始走向国际金融舞台，实现"打造横跨两岸三地的综合金融服务平台"的发展目标。

二、海外发展现状

截至 2013 年末，上海银行海外资产总额为 1.66 亿美元，已在海外设立一级机构 1 家，主要覆盖 1 个地区——中国香港。

富滇银行

一、海外发展历程简介

2010 年 11 月 17 日，富滇银行成立了老挝代表处，成为我国地方性商业银行走出国门、尝试区域经营的首例，也是云南省金融机构以"金融先行"思路切实支持桥头堡建设工作的里程碑式成就。2013 年 6 月 28 日，富滇银行与老挝外贸大众银行在中国昆明签订《富滇银行股份有限公司老挝外贸大众银行共同设立合资银行协议》，并成立老中银行筹备工作组，随即正式启动了老中银行在老挝的筹备工作。2013 年 7 月 25 日，老中银行筹备组向老挝工贸部和中央银行同时递交了设立老中银行的申请；2013 年 10 月 15 日，老挝中央银行颁发了老中银行临时金融许可证，允许老中银行在老挝正式筹建。2014 年 1 月 22 日，富滇银行子行——老中银行在老挝顺利开业，富滇银行成为中国城市商业银行中第一家在海外开设营业性机构的银行。

二、海外发展现状

目前，老中银行持有老挝中央银行颁发的永久金融许可证，可按照老挝商业银行法规定的业务范围开展各项经营活动，主要包括吸收公众存款、发放贷款、提供结算和收费服务、出具和管理结算工具、外币买卖、发行和买卖证券、金融代理业务、提供财务顾问服务、提供投资和融资咨询服务及老挝法律和中央银行规定的其他业务。

厦门国际银行

一、海外发展历程简介

厦门国际投资有限公司（香港）和澳门国际银行于 1985 年 8 月正式成为中国第一家中外合资银行厦门国际银行的海外全资附属机构。厦门国际银行成立伊始即拥有了港澳附属机构，成为地跨中国内地、香港、澳门，具备国际化视野的商业银行，也是中国第一家拥有海外机构的中小法人银行。

二、海外发展现状

截至 2013 年末，厦门国际银行海外资产总额为 58 亿美元，已在海外设立一级机构 1 家、二级机构 8 家。厦门国际银行海外机构主要覆盖香港和澳门。

分地区中资银行海外机构名录

亚　洲

在除中国内地以外的亚洲其他国家和地区设有分支机构的中资银行共 17 家，分别是国家开发银行、中国工商银行、中国农业银行、中国银行、中国建设银行、交通银行、中信银行、中国光大银行、招商银行、广发银行、中国民生银行、上海浦东发展银行、平安银行、北京银行、上海银行、富滇银行、厦门国际银行。上述中资银行在亚洲地区设立的一级机构共 90 家，其中分行 51 家、子行 16 家、代表处 10 家、附属公司 13 家。

1. 阿联酋

共有 4 家中资银行在阿联酋设立了 6 家一级机构（3 家分行、2 家子行、1 家代表处）。

中国工商银行

海外机构：中国工商银行阿布扎比分行

机构类别：分行

主营业务：开立多币种公司账户、吸收多种货币公司存款、开办对公支票/汇票/债券/股票业务、发放贷款、贸易融资、票据融资、汇款、国际结算、网上银行、资产管理等商业银行业务

下辖机构：无

成立时间：2009 年

地　　址：9th Floor & Mezzanine Floor, AKAR Properties, Al Bateen Tower C6, Bainuna Street, Al Bateen Area, Abu Dhabi, United Arab Emirates, P. O. Box 62108

电　　话：（00971）24998622

传　　真：（00971）24998622

网　　站：www. icbc. ae

海外机构： 中国工商银行迪拜国际金融中心分行

机构类别： 分行

主营业务： 吸收存款、发放贷款、自营投资、代客投资、贷款及投资安排、资产管理、金融产品及信贷咨询、托管服务安排等金融业务活动

下辖机构： 无

成立时间： 2008 年，中国工商银行（中东）有限公司成立；2013 年，改为中国工商银行迪拜国际金融中心分行

地　　址： 16th Floor, Al Kifaf Building, Bur Dubai, Dubai, UAE, P. O. Box 506856

电　　话： （00971）47031111

传　　真： （00971）47031199

网　　站： www. icbc. com. cn

中国农业银行

海外机构：中国农业银行迪拜分行

机构类别：分行

主营业务：公司存款、国际结算、银团贷款、双边贷款、贸易融资、
外汇交易等非本币批发银行业务

下辖机构：无

成立时间：2013 年 3 月

地　　址：Office 2901，Tower 2，Al Fattan Currency House，DIFC，
P. O. Box 124803，Dubai，U. A. E

电　　话：（00971）45676900

传　　真：（00971）45676910

网　　站：http://www. ae. abchina. com

中国银行

海外机构：中国银行迪拜代表处

机构类别：代表处

主营业务：市场调研、信息收集、客户维护等

下辖机构：无

成立时间：2010 年 2 月

地　　址：Office 2203，Dubai World Trade Center，Sheikh Zayed Road，
P. O. Box：9466 Emirate of Dubai，UAE

电　　话：（00971）43328822

传　　真：（00971）43328878

网　　站：http://www. boc. cn

海外机构：中银中东（迪拜）有限公司

机构类别：子行

主营业务：授信业务、国际结算、贸易融资、存汇兑、跨境人民币等

下辖机构：无

成立时间：2012 年 12 月

地　　址：Level 11 Tower 2，Al Fattan Currency House，Dubai International Financial Center，P. O. Box 118842，Dubai，UAE

电　　话：（00971）43819100

传　　真：（00971）43880778

网　　站：http://www. boc. cn

中国建设银行

海外机构：中国建设银行（迪拜）有限公司

机构类别：子行

主营业务：持有批发业务牌照，主要业务种类包括非本地货币的银行
存贷款业务、贸易融资、项目融资等

下辖机构：无

成立时间：2013 年 5 月

地　　址：31st Floor, Al Fattan Currency House, DIFC, Dubai, UAE

电　　话：（00971）45674888

传　　真：（00971）45674777

网　　站：http://ae.ccb.com

2. 巴基斯坦

共有1家中资银行在巴基斯坦设立了1家一级机构（1家分行）。

中国工商银行

海外机构：中国工商银行卡拉奇分行

机构类别：分行

主营业务：本外币存取款、外币兑换、汇款业务、信贷业务及贸易融资等商业银行业务

下辖机构：1家分行

成立时间：2011年

地　　址：8th Floor，Parsa Tower 31 – 1 – A，Shahrah – e – faisal，Karachi，Pakistan

电　　话：（0092）2135208900

传　　真：（0092）2135208930

网　　站：www. icbc. com. pk

3. 巴林

共有 1 家中资银行在巴林设立了 1 家一级机构（1 家代表处）。

中国银行

海外机构： 中国银行巴林代表处

机构类别： 代表处

主营业务： 市场调研、信息收集、客户维护等

下辖机构： 无

成立时间： 2004 年 7 月

地　　址： Offices 1502，Al Jasrah Tower，Diplomatic Area Building 95，Road1702，Block 317，P. O. Box：10059 Manama Kingdom of Bahrain

电　　话：（00973）17531119

传　　真：（00973）17531009

网　　站： http://www.boc.cn

4. 菲律宾

共有 1 家中资银行在菲律宾设立了 1 家一级机构（1 家分行）。

中国银行

海外机构：中国银行马尼拉分行

机构类别：分行

主营业务：授信业务、国际结算、贸易融资、存汇兑、跨境人民币等

下辖机构：无

成立时间：2001 年 11 月

地　　址：G/F. & 36/F. Philamlife Tower 8767 Paseo De Roxas, Makati City Manila Philippines

电　　话：（0063）28850111

传　　真：（0063）28850532

网　　站：http://www.boc.cn

5. 哈萨克斯坦

共有 2 家中资银行在哈萨克斯坦设立了 2 家一级机构（2 家子行）。

中国工商银行

海外机构：中国工商银行（阿拉木图）股份公司

机构类别：子行［商业银行］

主营业务：存款、贷款、国际结算及贸易融资、外币兑换、担保、账户管理、网上银行和银行卡等商业银行服务

下辖机构：无

成立时间：1993 年

地　　址：150/230，Abai/Turgut Ozal Street，Almaty，Kazakhstan 050046

电　　话：（007）7272377085

传　　真：（007）7272377070

网　　站：www. icbcalmaty. kz

中国银行

海外机构： 哈萨克中国银行

机构类别： 子行

主营业务： 授信业务、国际结算、贸易融资、存汇兑、跨境人民币等

下辖机构： 2 家二级机构

成立时间： 1993 年 4 月

地　　址： 71B，Micodistrct Zhetysu－2，Auezov District，050063，Almaty，Republic of Kazakhstan

电　　话：（007）7272585510

传　　真：（007）7272585514

网　　站： http://www.boc.cn

6. 韩国

共有 5 家中资银行在韩国设立了 6 家一级机构（6 家分行）。

中国工商银行

海外机构：中国工商银行首尔分行

机构类别：分行

主营业务：存贷款、汇款、外币兑换、国际结算、贸易融资、资金业务等商业银行业务

下辖机构：2 家分行

成立时间：1993 年成立代表处，1997 年成立分行

地　　址：16th Floor，Taepeongno Bldg.，#310，Taepeongno2 – ga，Jung – gu，Seoul 100 – 767，Korea

电　　话：（0082）237886670

传　　真：（0082）27553748

网　　站：www. icbc. co. kr

海外机构：中国工商银行釜山分行

机构类别：分行

主营业务：存贷款、汇款、外币兑换、国际结算、贸易融资、资金业
　　　　　　务等商业银行业务

下辖机构：无

成立时间：2002 年

地　　　址：1st Floor, Samsung Fire & Marine insurance Bldg. , #1205 –
　　　　　　22，Choryang – 1dong, Dong – Gu, Busan, 601 – 728, Korea

电　　话：（0082）514638868

传　　真：（0082）514636880

网　　站：http://www. icbc. com. cn

中国农业银行

海外机构：中国农业银行首尔分行

机构类别：分行

主营业务：公司存款、国际结算、贸易融资、银团贷款、债券投资等

下辖机构：无

成立时间：2012 年 2 月

地　　　址：14F Seoul Finance Center, 84 Taepyung – ro 1 – ga, Chung –
　　　　　　gu, Seoul 100 – 768, Korea

电　　话：（0082）237883900

传　　真：（0082）237883901

网　　站：http://www. kr. abchina. com

中国银行

海外机构：中国银行首尔分行

机构类别：分行

主营业务：授信业务、国际结算、贸易融资、存汇兑、跨境人民币等

下辖机构：3 家二级机构

成立时间：1994 年 1 月

地　　址：41，Cheong Gye Cheon‑Ro，Jongno‑Gu，（1/2F.，Young
Poong Bldg.，33 Seolin‑Dong）Seoul，Korea

电　　话：（0082）23995740

传　　真：（0082）23996265

网　　站：http://www.boc.cn

中国建设银行

海外机构：中国建设银行首尔分行

机构类别：分行

主营业务：持有商业银行牌照（批发及零售业务），主要业务种类包
括贸易融资、银团贷款、债券投资、资金交易等

下辖机构：无

成立时间：2004 年 2 月

地　　址：7th Floor Seoul Finance Center，84 Taepyungro 1‑ga，Chung‑
gu，Seoul 100‑768，Korea

电　　话：（0082）267301702

传　　真：（0082）267301701

网　　站：http://kr.ccb.com

交通银行

海外机构：交通银行首尔分行

机构类别：分行

主营业务：存款业务、贷款业务、国际结算业务、资金业务、清算及
汇款业务等全牌照商业银行业务

下辖机构：无

成立时间：2005 年 8 月

地　　址：6th Floor Samsung Fire & Marine Bldg. #87, Euljiro 1 – Ga,
Jung – Gu, Seoul 100 – 782, Korea

电　　话：（0082）220226888

传　　真：（0082）220226899

网　　站：http://bocom. tistory. com/

7. 柬埔寨

共有 2 家中资银行在柬埔寨设立了 2 家一级机构（2 家分行）。

中国工商银行

海外机构：中国工商银行金边分行

机构类别：分行

主营业务：存贷款、汇款、国际结算、贸易融资、清算业务、网上银行等全面商业银行服务

下辖机构：无

成立时间：2011 年

地　　址：No. 15，Preah Norodom Boulevard，Phsar Thmey I，Duan Penh，Phnom Penh，Cambodia

电　　话：（00855）23955880

传　　真：（00855）23965268

网　　站：www. icbc. com. kh

中国银行

海外机构： 中国银行金边分行

机构类别： 分行

主营业务： 授信业务、国际结算、贸易融资、存汇兑、跨境人民币等

下辖机构： 1 家二级机构

成立时间： 2011 年 5 月

地　　址： Canadia Tower, 1st & 2nd Floor, #315 Ang Doung St.（Corner of Monivong Blvd）P. O. Box 110, Phnompenh, Cambodia

电　　话： (0085) 523988886

传　　真： (0085) 523988880

网　　站： http://www. boc. cn

8. 卡塔尔

共有 1 家中资银行在卡塔尔设立了 1 家一级机构（1 家分行）。

中国工商银行

海外机构：中国工商银行多哈分行

机构类别：分行

主营业务：吸收存款、发放贷款、自营投资、代客投资、信贷及投资安排、资产托管、投资管理及咨询等业务

下辖机构：无

成立时间：2008 年

地　　址：Office 1202，12th Floor，QFC Tower，Diplomatic Area，West Bay，Doha，Qatar

电　　话：（00974）44968076

传　　真：（00974）44968080

网　　站：www.icbc.com.qa

9. 科威特

共有 1 家中资银行在科威特设立了 1 家一级机构（1 家分行）。

中国工商银行

海外机构：中国工商银行科威特分行

机构类别：分行

主营业务：商业银行业务

下辖机构：无

成立时间：2012 年

地　　址：21st Floor，Mazaya Tower 2，Mirqab，Kuwait City

电　　话：（965）22281760

传　　真：（965）22281799

网　　站：暂无

10. 老挝

共有 2 家中资银行在老挝设立了 2 家一级机构（1 家分行、1 家子行）。

中国工商银行

海外机构：中国工商银行万象分行

机构类别：分行

主营业务：存贷款、汇款、国际结算、贸易融资等全面商业银行业务

下辖机构：无

成立时间：2011 年

地　　址：Lanexang Avenue，Home No.12，Unit 15，Ban Hatsadee–Tai，Chanthabouly District，Vientiane Capital，Lao PDR

电　　话：（00856）21258897

传　　真：（00856）21258897

网　　站：www.icbc.com.la

富滇银行

海外机构：老中银行

机构类别：子行

主营业务：吸收公众存款、发放贷款、提供结算和收费服务、出具和管理结算工具、外币买卖、发行和买卖证券、金融代理业务、提供财务顾问服务、提供投资和融资咨询服务及老挝法律和中央银行规定的其他业务

下辖机构：无

成立时间：2014 年 1 月

地　　址：Villa A12 Dongpasack Village，T2 Road，Ban oupmoung，Sikhottabong District，P. O. Box 812，Vientiane，Lao PDR

电　　话：(00856) 21418888

传　　真：(00856) 21418892

网　　站：http://www. laochinabank. com

11. 马来西亚

共有2家中资银行在马来西亚设立了2家一级机构（2家子行）。

中国工商银行

海外机构： 中国工商银行马来西亚有限公司

机构类别： 子行［商业银行］

主营业务： 存款、贷款、贸易融资、结算、代理等全面商业银行业务

下辖机构： 3家分行

成立时间： 2010年

地　　址： Level 35，Menara Maxis，Kuala Lumpur City Centre，50088 Kuala Lumpur，Malaysia

电　　话：（00603）23013399

传　　真：（00603）23013388

网　　站： www.icbcmy.com

中国银行

海外机构：马来西亚中国银行

机构类别：子行

主营业务：授信业务、国际结算、贸易融资、存汇兑、跨境人民币等

下辖机构：6 家二级机构

成立时间：2000 年 4 月

地　　址：Ground，Mezzanie，& 1st Floor Plaza OSK，25 Jalan Ampang
50450 Kualalumpur，Malaysia

电　　话：（0060）321626633

传　　真：（0060）321615150

网　　站：http：//www. boc. cn

12. 蒙古国

共有 1 家中资银行在蒙古国设立了 1 家一级机构（1 家代表处）。

中国银行

海外机构：中国银行乌兰巴托代表处

机构类别：代表处

主营业务：市场调研、信息收集、客户维护等

下辖机构：无

成立时间：2013 年 1 月

地　　址：1204 City Center, B. Altangerel's Street – 5, Baga Toiruu／14200／, 8th Khoroo, Sukhbaatar District, Ulaanbaatar, Mongolia

电　　话：（00976）70109200

传　　真：（00976）70100898

网　　站：http://www.boc.cn

13. 缅甸

共有 1 家中资银行在缅甸设立了 1 家一级机构（1 家代表处）。

中国工商银行

海外机构： 中国工商银行仰光代表处

机构类别： 代表处

主营业务： 业务调研及客户关系维护

下辖机构： 无

成立时间： 2011 年

地　　址： No. 601A, 6th Floor, Sakura Tower, No. 339, Bogyoke Aung San Street, Kyauktada Township, Yangon, Myanmar

电　　话： （0095）1255045

传　　真： （0095）1255045

网　　站： www. icbc. com. cn

14. 日本

共有 5 家中资银行在日本设立了 5 家一级机构（5 家分行）。

中国工商银行

海外机构：中国工商银行东京分行

机构类别：分行

主营业务：存贷款、汇款、外币兑换、国际结算、贸易融资、资金业
务等商业银行业务

下辖机构：1 家分行、1 家网点

成立时间：1995 年成立代表处，1997 年成立分行

地　　址：2 – 1 Marunouchi 1 – chome ，Chiyoda – ku，Tokyo 100 –
0005，Japan

电　　话：（0081）352232086

传　　真：（0081）352198502

网　　站：www. icbc. co. jp

中国农业银行

海外机构：中国农业银行东京分行

机构类别：分行

主营业务：公司存款、银团及双边贷款、贸易融资、有价证券投资、
国际结算和外汇交易等

下辖机构：无

成立时间：2013 年 4 月

地　　址：511 Yusen Bldg 3 – 2，2 – Chome Marunouchi Chiyoda – Ku
Tokyo 100 – 0005 Japan

电　　话：（0081）352085577

传　　真：（0081）352085579

网　　站：http://www.jp.abchina.com

中国银行

海外机构：中国银行东京分行

机构类别：分行

主营业务：日元清算、授信业务、国际结算、贸易融资、存汇兑、跨
境人民币等

下辖机构：5 家二级机构

成立时间：1986 年 3 月

地　　址：Boc Bldg. 3 – 4 – 1 Akasaka Minato – Ku，Tokyo 107 – 0052
Japan

电　　话：（0081）335058818

传　　真：（0081）335058433

网　　站：http://www.boc.cn

中国建设银行

海外机构：中国建设银行东京分行

机构类别：分行

主营业务：持有商业银行牌照（批发及零售业务），主要业务种类包括存贷款、贸易融资、日元资金清算、汇款、出具存款证明书等

下辖机构：1 家二级分行（大阪分行）

成立时间：2003 年 2 月

地　　址：13F，West Tower Otemachi First Square，1 – 5 – 1 Otemachi，Chiyoda – ku，Tokyo 100 – 0004 Japan

电　　话：（0081）352935218

传　　真：（0081）332145157

网　　站：http://jp.ccb.com

交通银行

海外机构：交通银行东京分行

机构类别：分行

主营业务：存款业务、贷款业务、国际结算业务、资金业务、日元清算（一级清算行）及汇款业务等全牌照商业银行业务

下辖机构：无

成立时间：1995 年 12 月

地　　址：Toranomon No. 37 Mori BLDG. 9F 3 – 5 – 1，Toranomon Minato – Ku Tokyo，105 – 0001，Japan

电　　话：（0081）34321818

传　　真：（0081）34321824

网　　站：http://www.bankcomm.jp

15. 沙特阿拉伯

共有 1 家中资银行在沙特阿拉伯设立了 1 家一级机构（1 家分行）。

中国工商银行

海外机构：中国工商银行利雅得分行

机构类别：分行

主营业务：商业银行业务

下辖机构：无

成立时间：2012 年

地　　址：T08A, Level 08, Al Faisaliah Tower, Riyadh 11491, King-dom of Saudi Arabia, P. O. Box 4148

电　　话：暂无

传　　真：暂无

网　　站：www. icbc. com. cn

16. 泰国

共有 2 家中资银行在泰国设立了 2 家一级机构（1 家分行、1 家子行）。

中国工商银行

海外机构：中国工商银行（泰国）股份有限公司

机构类别：子行〔商业银行〕

主营业务：存款与贷款、贸易融资、汇款、结算、租赁、咨询等服务

下辖机构：20 家网点、1 家控股公司

成立时间：2010 年

地　　址：622 Emporium Tower 11－13 Fl. Sukhumvit Rd. Khlong Ton，Khlong Toei，Bangkok 10110

电　　话：（0066）26295588

传　　真：（0066）26639300

网　　站：www. icbcthai. com

中国银行

海外机构：中国银行曼谷分行

机构类别：分行

主营业务：授信业务、国际结算、贸易融资、存汇兑、跨境人民币等

下辖机构：2 家二级机构

成立时间：1993 年 3 月

地　　址：179/4 Bangkok City Tower South Sathorn Rd. Tungmahamek
Sathorn District，Bangkok，10120，Thailand

电　　话：（0066）22861010

传　　真：（0066）22861020

网　　站：http://www.boc.cn

17. 土耳其

共有 1 家中资银行在土耳其设立了 1 家一级机构（1 家代表处）。

中国银行

海外机构：中国银行伊斯坦布尔代表处

机构类别：代表处

主营业务：市场调研、信息收集、客户维护等

下辖机构：无

成立时间：2011 年 8 月

地　　址：Buyukdere Cad. No. 185 Kanyon Ofis Blogu K. 15，34394 Levent，Istanbul Turkey

电　　话：(0090) 2122608888

传　　真：(0090) 2122798866

网　　站：http://www. boc. cn

18. 新加坡

共有 6 家中资银行在新加坡设立了 6 家一级机构（6 家分行）。

中国工商银行

海外机构：中国工商银行新加坡分行

机构类别：分行

主营业务：存贷款、汇款、国际结算、贸易融资、人民币业务等全牌
　　　　　　照商业银行业务

下辖机构：3 家网点、1 家控股公司

成立时间：1993 年

地　　址：6 Raffles Quay #12 – 01 6 Raffles Quay S048580

电　　话：（0065）65381066

传　　真：（0065）65381370

网　　站：www.icbc.com.sg

中国农业银行

海外机构：中国农业银行新加坡分行

机构类别：分行

主营业务：公司存款、国际结算、贸易融资、双边贷款、银团贷款、咨询服务等

下辖机构：无

成立时间：1995 年 7 月

地　　址：No. 7 Temasek Boulevard #30－01/02/03，Suntec Tower 1，Singapore 038987

电　　话：（0065）65355255

传　　真：（0065）65387960

网　　站：http://www. sg. abchina. com

中国银行

海外机构：中国银行新加坡分行

机构类别：分行

主营业务：授信业务、国际结算、贸易融资、存汇兑、跨境人民币等

下辖机构：7 家二级机构

成立时间：1936 年 5 月

地　　址：4 Battery Road，Bank of China Building，Singapore 049908

电　　话：（0065）65352411

传　　真：（0065）65343401

网　　站：http://www. boc. cn

中国建设银行

海外机构：中国建设银行新加坡分行

机构类别：分行

主营业务：持有批发银行牌照，主要业务种类包括双边贷款、银团贷款、贸易融资、跨境人民币、投资银行、海外资产簿记等

下辖机构：无

成立时间：1998 年 3 月

地　　址：9 Raffles Place, #33 - 01 Republic Plaza, Singapore 048619

电　　话：(0065) 65358133

传　　真：(0065) 65356533

网　　站：http://sg. ccb. com

交通银行

海外机构：交通银行新加坡分行

机构类别：分行

主营业务：存款业务、贷款业务、国际结算业务、资金业务、清算及汇款业务等批发银行业务

下辖机构：无

成立时间：1996 年 9 月

地　　址：#18 - 01 Land Tower, 50 Raffles Place, Singapore

电　　话：(0065) 65320336

传　　真：(0065) 65320339

网　　站：http://www. bankcomm. com

招商银行

海外机构：招商银行新加坡分行

机构类别：分行

主营业务：为公司客户提供存款、贷款、贸易融资、汇款服务，并参与同业资金业务及外汇市场交易

下辖机构：无

成立时间：2013 年 11 月

地　　址：1 Raffles Place, #32 – 61, One Raffles Place Tower 2, Singapore

电　　话：(0065) 67867888

传　　真：(0065) 63402668

网　　站：http://sg. cmbchina. com

19. 印度

共有 1 家中资银行在印度设立了 1 家一级机构（1 家分行）。

中国工商银行

海外机构：中国工商银行孟买分行

机构类别：分行

主营业务：存贷款、汇款、外币兑换、国际结算、贸易融资、资金业务等商业银行业务

下辖机构：无

成立时间：2011 年

地　　址：Level 1, East Wing, Wockhardt Tower, C - 2, G Block, Bandra Kurla Complex, Bandra （E）, Mumbai - 400 051

电　　话：（0091）2233155999

传　　真：（0091）2233155900

网　　站：www. icbcindia. com

20. 印度尼西亚

共有 2 家中资银行在印度尼西亚设立了 2 家一级机构（1 家分行、1 家子行）。

中国工商银行

海外机构：中国工商银行（印度尼西亚）有限公司

机构类别：子行［商业银行］

主营业务：存款、贷款及贸易融资、结算、代理、资金拆借和外汇等全面商业银行业务

下辖机构：14 家二级机构、6 家三级机构、2 家现金多功能所

成立时间：2007 年

地　　址：TCT ICBC Tower 32nd Floor，JI. MH. Thamrin No. 81，Jakarta Pusat，10310，Indonesia

电　　话：（0062）2123550000

传　　真：（0062）2131996016

网　　站：www. icbc. com. id

中国银行

海外机构： 中国银行雅加达分行

机构类别： 分行

主营业务： 授信业务、国际结算、贸易融资、存汇兑、跨境人民币等

下辖机构： 8 家二级机构

成立时间： 2003 年 2 月

地　　址： Tamara Center Suite 101，201 & 1101 jalan jend. Sudirman
kav. 24 Jakarta 12920，Indonesia

电　　话：（0062）215205502

传　　真：（0062）215201113

网　　站： http://www. boc. cn

21. 越南

共有 5 家中资银行在越南设立了 5 家一级机构（4 家分行、1 家代表处）。

中国工商银行

海外机构：中国工商银行河内分行

机构类别：分行

主营业务：存贷款、汇款、外币兑换、国际结算、贸易融资、资金业务等全功能银行业务

下辖机构：无

成立时间：2009 年

地　　址：Daeha Business Center，No. 360，Kim Ma Str.，Ba Dinh Dist.，Hanoi，Vietnam

电　　话：（0084）462698888

传　　真：（0084）462699800

网　　站：www.icbc.com.vn

中国农业银行

海外机构：中国农业银行河内代表处

机构类别：代表处

主营业务：无

下辖机构：无

成立时间：2012 年 11 月

地　　址：Unit V502 – 503，5th Floor，Pacific Place，83B Ly Thuong Kiet Street，Hoan Kiem District，Hanoi，Vietnam

电　　话：（0084）439460599

传　　真：（0084）439460587

网　　站：http://www. abchina. com/hanoi/cn

中国银行

海外机构：中国银行胡志明市分行

机构类别：分行

主营业务：授信业务、国际结算、贸易融资、存汇兑、跨境人民币等

下辖机构：无

成立时间：1995 年 8 月

地　　址：19/f. ，Sun Wah Tower 115 Nguyen Hue Blvd. ，District 1 Ho Chi Minh City，Vietnam

电　　话：（0084）838219949

传　　真：（0084）838219948

网　　站：http://www. boc. cn

中国建设银行

海外机构：中国建设银行胡志明市分行

机构类别：分行

主营业务：持有商业银行牌照（批发及零售业务），主要业务种类包括存贷款业务、国际结算、外汇市场资金交易、代理行业务等

下辖机构：无

成立时间：2010 年 4 月

地　　址：1105 –1106 Sailing Tower, 111A Pasteur Street, District 1, Ho Chi Minh City, Vietnam

电　　话：(0084) 838295533

传　　真：(0084) 838275533

网　　站：http://vn. ccb. com

交通银行

海外机构：交通银行胡志明市分行

机构类别：分行

主营业务：存款业务、贷款业务、国际结算业务、资金业务、清算及汇款业务等全牌照商业银行业务

下辖机构：无

成立时间：2011 年 2 月

地　　址：17th Floor, Vincom Center B, 72 Le Thanh Ton Street, Dist. 1, Ho Chi Minh City, Vietnam

电　　话：(0084) 839369988

传　　真：(0084) 839369955

网　　站：http://www. bankcomm. com

22. 中国香港

共有 16 家中资银行在香港设立了 31 家一级机构（10 家分行、5 家子行、3 家代表处、13 家附属公司）。

国家开发银行

海外机构： 国家开发银行香港分行

机构类别： 分行

主营业务： 开展信贷业务，负责资金和信贷资产交易业务、有关中间
业务及总行授权范围内的其他金融业务

下辖机构： 无

成立时间： 2009 年 7 月

地　　址： 香港中环港景街一号国际金融中心 1 期 32 至 33 楼

电　　话：（00852）36977200

传　　真：（00852）25304083

网　　站： http://www.cdb.com.cn

中国工商银行

海外机构：中国工商银行香港分行

机构类别：分行

主营业务：企业存贷款、汇款、贸易融资、企业融资、外汇及资本市场、信贷业务等商业银行业务

下辖机构：无

成立时间：1995 年

地　　址：香港中环花园道 3 号中国工商银行大厦 33 楼

电　　话：（00852）25881188

传　　真：（00852）28051166

网　　站：http://www.icbc.com.cn

海外机构：工银国际控股有限公司

机构类别：附属公司［投资银行］

主营业务：保荐承销、直接投资、证券销售与经纪、资产管理、债券承销、并购重组、增发配售、财务顾问、期货/衍生产品、债务融资、市场研究等

下辖机构：6 家持牌公司

成立时间：2008 年

地　　址：香港中环花园道 3 号中国工商银行大厦 37 楼

电　　话：（00852）26833888

传　　真：（00852）26833900

网　　站：www.icbci.com.hk

海外机构：中国工商银行（亚洲）有限公司

机构类别：子行

主营业务：商业信贷、贸易融资、投资服务、零售银行、电子银行、
　　　　　托管、信用卡、IPO 收票及派息业务等香港持牌法人银行
　　　　　业务

下辖机构：下设 55 家网点、11 家控股公司

成立时间：2000 年

地　　址：香港中环花园道 3 号中国工商银行大厦 33 楼

电　　话：（00852）25881188

传　　真：（00852）28051166

网　　站：www.icbcasia.com

中国农业银行

海外机构：中国农业银行香港分行

机构类别：分行

主营业务：存贷款、项目融资、债券发行承销和分销等全面银行业务

下辖机构：无

成立时间：1995 年 11 月

地　　址：香港中环干诺道中 50 号中国农业银行大厦 25 楼

电　　话：（00852）28618000

传　　真：（00852）28660133

网　　站：http://www.hk.abchina.com

海外机构：农银国际控股有限公司

机构类别：附属公司［投资银行］

主营业务：直接投资、企业融资、证券经纪、资产管理等投资银行业务

下辖机构：8 家二级机构

成立时间：2009 年 12 月

地　　址：香港金钟道 88 号太古广场一座 7 楼

电　　话：（00852）36660000

传　　真：（00852）36660009

网　　站：http://www.abci.com.hk

海外机构：农银财务有限公司

机构类别：附属公司

主营业务：已停业，清盘中

下辖机构：无

成立时间：1988 年 11 月

地　　址：香港中环干诺道中 50 号中国农业银行大厦 26 楼

电　　话：（00852）28631916

传　　真：（00852）28661936

网　　站：http://www.abchina.com/cn

中国银行

海外机构：中银香港（控股）有限公司

机构类别：子行

主营业务：物业按揭、投资及保险、信用卡、人民币业务、企业贷款、中小企业、跨境贸易结算和融资业务、现金管理业务等

下辖机构：413 家分支机构

成立时间：2001 年 9 月

地　　址：香港花园道 1 号中银大厦 52 楼

电　　话：（00852）28462700

传　　真：（00852）28105830

网　　站：http://www.bochk.com

海外机构：中银国际控股有限公司

机构类别：附属公司［投资银行］

主营业务：企业融资、收购兼并、财务顾问、证券销售、定息收益、衍生产品、资产管理、直接投资等

下辖机构：26 家分支机构

成立时间：1998 年 7 月

地　　址：香港花园道 1 号中银大厦 26 楼

电　　话：（00852）39886000

传　　真：（00852）21479065

网　　站：http://www.bocigroup.com

海外机构：中国银行香港分行

机构类别：分行

主营业务：外币投资、外币融资、代客发债等

下辖机构：无

成立时间：1917 年

地　　址：香港花园道 1 号中银大厦 8 楼

电　　话：（00852）28101203

传　　真：（00852）25377609

网　　站：http：//www. boc. cn

海外机构：中银集团保险有限公司

机构类别：附属公司［保险］

主营业务：保险业务等

下辖机构：4 家分支机构

成立时间：1992 年 7 月

地　　址：香港中环德辅道中 71 号永安集团大厦 9 楼

电　　话：（00852）28670888

传　　真：（00852）25221705

网　　站：http：//www. bocgroup. com/bocg – ins/

海外机构：中银集团投资有限公司

机构类别：附属公司［投资］

主营业务：股权投资、不良资产投资、不动产投资与管理等

下辖机构：6 家分支机构

成立时间：1993 年 5 月

地　　址：香港花园道 1 号中银大厦 23 楼

电　　话：（00852）22007500

传　　真：（00852）28772629

网　　站：http://www.bocgi.com

中国建设银行

海外机构：中国建设银行香港分行

机构类别：分行

主营业务：持有商业银行牌照（批发及零售业务），主要业务种类包括国际结算、贸易融资、汇款及清算业务、人民币产品等

下辖机构：无

成立时间：1995 年 12 月

地　　址：香港中环干诺道中 3 号中国建设银行大厦 28 楼

电　　话：（00852）39186939

传　　真：（00852）39186001

网　　站：http://hk.ccb.com

海外机构：中国建设银行（亚洲）股份有限公司

机构类别：子行

主营业务：持有商业银行牌照（批发及零售业务），主要业务种类包括国际结算、贸易融资、汇款及清算业务、人民币产品、信用卡及私人贷款等

下辖机构：8 家一级子公司

成立时间：2006 年 12 月

地　　址：香港中环干诺道中 3 号中国建设银行大厦 28 楼

电　　话：（00852）39186939

传　　真：（00852）39186001

网　　站：http://www.asia.ccb.com

海外机构：建银国际（控股）有限公司

机构类别：附属公司［投资银行］

主营业务：持有投资银行牌照，主要业务种类包括保荐与承销、企业收购兼并及重组、上市公司增发配售及再融资、直接投资等投行业务

下辖机构：8 家一级子公司

成立时间：2004 年 1 月

地　　址：香港金钟道 88 号太古广场二座 35 楼

电　　话：（00852）25326100

传　　真：（00852）25326100

网　　站：http://www.ccbintl.com

交通银行

海外机构： 交通银行香港分行

机构类别： 分行

主营业务： 存款业务、贷款业务、国际结算业务、资金业务、清算及
汇款业务、信用卡业务、保管箱业务、私人银行业务、信
托业务、IPO 综合银行服务等全牌照商业银行业务

下辖机构： 42 家营业网点

成立时间： 1934 年 11 月

地　　址： 香港中环毕打街 20 号

电　　话：（00852）28419611

传　　真：（00852）29738778

网　　站： http://www.bankcomm.com.hk

海外机构： 交银国际控股有限公司

机构类别： 附属公司［投资银行］

主营业务： 证券、信托

下辖机构： 下设 4 家子公司，即交银国际（亚洲）有限公司、交银国
际证券有限公司、交银国际资产管理有限公司、交银国际
（上海）股权投资管理有限公司

成立时间： 1999 年 9 月

地　　址： 香港中环德辅道中 68 号万宜大厦 9 楼

电　　话：（00852）37103328

传　　真：（00852）37980133

网　　站： http://www.bocomgroup.com

海外机构：中国交银保险有限公司

机构类别：附属公司［保险］

主营业务：保险

下辖机构：无

成立时间：2000 年 11 月

地　　址：香港中环红棉路 8 号东昌大厦 18 楼

电　　话：（00852）25912938

传　　真：（00852）28319192

网　　站：http://www.cbic.hk/

中信银行

海外机构：中信银行（国际）有限公司

机构类别：子行

主营业务：全牌照商业银行

下辖机构：中国香港共有 36 家分行，在中国澳门、新加坡、纽约、
　　　　　洛杉矶、上海、开曼群岛设有分行，在深圳设有中国子行

成立时间：1922 年 2 月

地　　址：香港九龙柯士甸道西 1 号环球贸易广场 80 楼

电　　话：（00852）36036695

传　　真：（00852）36034326

网　　站：http://www.cncbinternational.com

海外机构：振华国际财务有限公司

机构类别：附属公司

主营业务：海外结构性贷款、财务顾问与咨询服务等公司银行与投行
业务，债券投资、外部基金投资、股票投资及其他机会性
投资与交易业务等资本市场业务，以及夹层基金的投资与
管理等替代性资产投资及管理业务

下辖机构：无

成立时间：1984 年 10 月

地　　址：香港金钟道 89 号力宝中心 2 座 21 楼 2106 室

电　　话：（00852）25212353

传　　真：（00852）28017399

网　　站：http://www.bank.ecitic.com

中国光大银行

海外机构：中国光大银行香港分行

机构类别：分行

主营业务：批发银行业务，重点发展跨境结算、公司业务、贸易金
融、资金业务、人民币业务等

下辖机构：无

成立时间：2013 年 2 月

地　　址：香港夏悫道 16 号远东金融中心 30 楼

电　　话：（00852）31239888

传　　真：（00852）21432188

网　　站：http://www.cebbank.com/channel/100324220

招商银行

海外机构： 招商银行香港分行

机构类别： 分行

主营业务： 存款、贷款、汇款、保理、国际贸易融资及结算，牵头或参加银团贷款，参与同业资金、债券及外汇市场交易，电子银行服务

下辖机构： 无

成立时间： 2002 年 4 月

地　　址： 香港中环夏悫道 12 号

电　　话： （00852）31195555

传　　真： （00852）31110801

网　　站： http://hk. cmbchina. com

海外机构： 招银国际金融有限公司

机构类别： 附属公司［投资银行］

主营业务： 投资银行、证券经纪和资产管理业务

下辖机构： 无

成立时间： 经营主体成立于 1993 年 7 月，2002 年 2 月更名为招银国际金融有限公司

地　　址： 香港中环夏悫道 12 号

电　　话： （00852）39000888

传　　真： （00852）37618788

网　　站： http://www. cmbi. com. hk

海外机构：永隆银行有限公司

机构类别：附属公司［银行］

主营业务：存款、贷款、信用卡、押汇、汇兑、期货及证券经纪、资
产管理、投资理财、保险业务、金融租赁、物业信托、受
托代管

下辖机构：64 家二级机构

成立时间：2008 年 9 月（并购）

地　　址：香港中环德辅道中 45 号

电　　话：（00852）23095555

传　　真：（00852）28100592

网　　站：http://www.winglungbank.com

广发银行

海外机构：广发银行股份有限公司香港代表处

机构类别：代表处

主营业务：日常联络、信息分析、服务培训、品牌宣传等

下辖机构：无

成立时间：1996 年 4 月

地　　址：香港中环皇后大道中九号 3002 室

电　　话：（00852）28101213

传　　真：（00852）25300123

网　　站：http://www.cgbchina.com.cn/Channel/11830638?＿tp＿
branchList＝4

中国民生银行

海外机构：中国民生银行香港分行

机构类别：分行

主营业务：各类银行业务

下辖机构：无

成立时间：2012 年 3 月

地　　址：香港中环夏悫道 12 号美国银行中心 36 楼

电　　话：（00852）22816800

传　　真：（00852）28992617

网　　站：http://www.cmbc.com.cn/CMBCHK/hk/index.html

上海浦东发展银行

海外机构：上海浦东发展银行香港分行

机构类别：分行

主营业务：公司融资业务、金融机构业务、资金交易业务、贸易融资
业务、存贷业务、各类国际结算及中间业务等

下辖机构：无

成立时间：2011 年 6 月

地　　址：香港中环夏悫道 12 号美国银行中心 15 楼

电　　话：（00852）29965600

传　　真：（00852）29965500

网　　站：http://www.spdb.com.cn

平安银行

海外机构：平安银行香港代表处

机构类别：代表处

主营业务：无

下辖机构：无

成立时间：1996 年 4 月

地　　址：香港夏悫道 12 号美国银行中心 35 楼 3505 室

电　　话：（00852）39700300

传　　真：（00852）31719522

网　　站：http://www.bank.pingan.com

北京银行

海外机构：北京银行香港代表处

机构类别：代表处

主营业务：收集同业信息、建立交流渠道

下辖机构：无

成立时间：2008 年 11 月

地　　址：香港皇后大道中 99 号中环中心 56 楼 5601 室

电　　话：（00852）21690980

传　　真：（00852）21690668

网　　站：http://www.bankofbeijing.com

上海银行

海外机构：上海银行（香港）有限公司

机构类别：子行

主营业务：外汇兑换、贷款及等值 50 万港元以上的定期和通知存款

下辖机构：无

成立时间：2013 年 6 月

地　　址：香港中环花园道 3 号花旗银行广场工商银行大厦 2001 ~
　　　　　　2005 室

电　　话：(00852) 31218222

传　　真：(00852) 22585757

网　　站：http://www.bankofshanghai.com.hk

厦门国际银行

海外机构：厦门国际投资有限公司（香港）

机构类别：附属公司

主营业务：投资控股

下辖机构：全额持股 8 家二级机构，即澳门国际银行股份有限公司、
　　　　　　XIB Properties Limited、快宏投资有限公司、银胜发展有限
　　　　　　公司、碧而朗有限公司、富成园发展有限公司、XIB（代
　　　　　　理人）有限公司、利京发展有限公司

成立时间：1977 年 11 月

地　　址：香港中环交易广场 2 座 2906 室

电　　话：(00852) 28698989

传　　真：(00852) 25377870

网　　站：http://www.xib.com.cn/jg2.html

23. 中国澳门

共有 4 家中资银行在澳门设立了 5 家一级机构（3 家分行、2 家子行）。

中国工商银行

海外机构：中国工商银行（澳门）股份有限公司

机构类别：子行〔商业银行〕

主营业务：存款、贷款、贸易融资、国际结算等全面商业银行服务

下辖机构：16 家网点、3 家控股公司、1 家代表处

成立时间：2003 年

地　　址：澳门友谊大马路 555 号澳门置地广场工银澳门中心 18 楼

电　　话：（00853）28555222

传　　真：（00853）28338064

网　　站：www.icbc.com.mo

中国银行

海外机构：中国银行澳门分行

机构类别：分行

主营业务：授信业务、国际结算、贸易融资、存汇兑、跨境人民币等

下辖机构：30 家分支机构

成立时间：1987 年 1 月

地　　址：澳门苏亚利斯博士大马路中银大厦

电　　话：（00853）28781828

传　　真：（00853）28781833

网　　站：http://www.bocmacau.com

海外机构：大丰银行有限公司

机构类别：子行

主营业务：授信业务、国际结算、贸易融资、存汇兑、跨境人民币等

下辖机构：23 家分支机构

成立时间：1942 年

地　　址：澳门新口岸宋玉生广场 418 号

电　　话：（00853）28322323

传　　真：（00853）28570737

网　　站：http://www.taifungbank.com

交通银行

海外机构：交通银行澳门分行

机构类别：分行

主营业务：存款业务、贷款业务、国际结算业务、资金业务、清算及
汇款业务等全牌照商业银行业务

下辖机构：无

成立时间：2007 年 11 月

地　　址：澳门商业大马路 251 A – 301 号友邦广场 16 楼

电　　话：（00853）28286611

传　　真：（00853）28286686

网　　站：http://www.bankcomm.com.mo

广发银行

海外机构：广发银行澳门分行

机构类别：分行

主营业务：经营银行业务、证券业务、外汇业务和期货交易，其中银
行业务包括存取款、汇兑、票据、抵押、担保、融资、信
用卡等

下辖机构：4 家二级机构（支行）

成立时间：1993 年 11 月

地　　址：澳门新口岸宋玉生广场 181 – 187 光辉(集团)商业中心 18 楼

电　　话：（00853）28750328

传　　真：（00853）28750728

网　　站：http://www.cgbchina.com.cn/Channel/11830638？_ tp_
branchList = 4

24. 中国台湾

共有 4 家中资银行在台湾设立了 4 家一级机构（3 家分行、1 家代表处）。

中国银行

海外机构：中国银行台北分行

机构类别：分行

主营业务：授信业务、国际结算、贸易融资、存汇兑、跨境人民币等

下辖机构：无

成立时间：2012 年 6 月

地　　址：台湾台北市信义区松仁路 105 号 1 楼、2 楼、4 楼

电　　话：（00886）227585600

传　　真：（00886）227581598

网　　站：http://www.boc.cn

中国建设银行

海外机构：中国建设银行台北分行

机构类别：分行

主营业务：持有本地业务牌照（Domestic Banking Unit），主要业务种类包括存款、放款、票据贴现、商业汇票承兑、投资债券、国际结算、资金交易等

下辖机构：无

成立时间：2013 年 6 月

地　　址：台北市信义区信义路五段 106 号 2 楼及 108 号 1 楼

电　　话：（00886）287292008

传　　真：（00886）227235399

网　　站：http://tw.ccb.com

交通银行

海外机构：交通银行台北分行

机构类别：分行

主营业务：存款业务、贷款业务、国际结算业务、资金业务、清算及汇款业务等批发银行业务

下辖机构：无

成立时间：2012 年 7 月

地　　址：台北市信义路五段 7 号 29 楼 A

电　　话：（00886）281011009

传　　真：（00886）281011169

网　　站：http://www.bankcomm.com.tw

招商银行

海外机构：招商银行台北代表处

机构类别：代表处

主营业务：无

下辖机构：无

成立时间：2011 年 3 月

地　　址：台北市信义区基隆路一段 333 号

电　　话：（00886）277185558

传　　真：（00886）277185333

网　　站：http：//www.cmbchina.com

非　洲

　　在非洲设有分支机构的中资银行共5家，分别是国家开发银行、中国进出口银行、中国工商银行、中国银行、中国建设银行。上述中资银行在非洲地区设立的一级机构共8家，其中分行2家、子行1家、代表处5家。

1. 埃及

共有 1 家中资银行在埃及设立了 1 家一级机构（1 家代表处）。

国家开发银行

海外机构：国家开发银行开罗代表处

机构类别：代表处

主营业务：无

下辖机构：无

成立时间：2009 年 11 月

地　　址：Apartment No. 1 & 2，Building 41（A），St. 18，Maadi，Sarayat，Cairo，Egypt

电　　话：(0020) 223802799

传　　真：(0020) 223787475

网　　站：http://www.cdb.com.cn

2. 安哥拉

共有 1 家中资银行在安哥拉设立了 1 家一级机构（1 家代表处）。

中国银行

海外机构：中国银行罗安达代表处

机构类别：代表处

主营业务：市场调研、信息收集、客户维护等

下辖机构：无

成立时间：2012 年 12 月

地　　址：Condominio Cajueiro, Casa no. I16, Talatona, Luanda, Republic of Angola

电　　话：（00244）222020568

传　　真：（00244）222020568

网　　站：http://www.boc.cn

3. 肯尼亚

共有 1 家中资银行在肯尼亚设立了 1 家一级机构（1 家代表处）。

中国银行

海外机构：中国银行内罗毕代表处

机构类别：代表处

主营业务：市场调研、信息收集、客户维护等

下辖机构：无

成立时间：2012 年 7 月

地　　址：Morning Side Office Park，Ngong Road，P. O. Box 21357 –
00505，Nairobi，Kenya

电　　话：（00254）203862811

传　　真：（00254）203862812

网　　站：http://www.boc.cn

4. 南非

共有 4 家中资银行在南非设立了 4 家一级机构（2 家分行、2 家代表处）。

中国进出口银行

海外机构：中国进出口银行东南非代表处

机构类别：代表处

主营业务：无

下辖机构：无

成立时间：1999 年 3 月

地　　址：No. 13 Fredman Drive, Sandown, 2199 Johannesburg, South Africa

电　　话：（0027）117830767

传　　真：（0027）117846817

网　　站：http://www.eximbank.gov.cn

中国工商银行

海外机构：中国工商银行非洲代表处

机构类别：代表处

主营业务：业务调研及客户关系维护

下辖机构：无

成立时间：2011 年

地　　址：20th Floor Standard Bank Centre Heerengracht Tower Adderley Street Cape Town 8001，South Africa

电　　话：(0027) 214013967

传　　真：(0027) 214012929

网　　站：暂无

中国银行

海外机构：中国银行约翰内斯堡分行

机构类别：分行

主营业务：授信业务、国际结算、贸易融资、存汇兑、跨境人民币等

下辖机构：无

成立时间：2000 年 10 月

地　　址：14th – 16th Floors，Alice Lane Towers，15 Alice Lane，Sandton，Johannesburg，South Africa

电　　话：(0027) 115209600

传　　真：(0027) 117832336

网　　站：http://www.boc.co.za

中国建设银行

海外机构：中国建设银行约翰内斯堡分行

机构类别：分行

主营业务：持有全功能牌照，主要业务种类包括公司融资、贸易融
资、银团贷款、项目融资等

下辖机构：无

成立时间：2000 年 10 月

地　　址：95 Grayston Drive，Morningside，Sandton，South Africa 2196

电　　话：（0027）115209400

传　　真：（0027）115209411

网　　站：http://za.ccb.com

5. 赞比亚

共有 1 家中资银行在赞比亚设立了 1 家一级机构（1 家子行）。

中国银行

海外机构：赞比亚中国银行

机构类别：子行

主营业务：授信业务、国际结算、贸易融资、存汇兑、跨境人民币等

下辖机构：1 家二级机构

成立时间：1996 年 11 月

地　　址：Plot No. 2339，Kabelenga road P. O. Box：34550，Lusaka，Zambia

电　　话：（00260）211233271

传　　真：（00260）211236782

网　　站：http://www.bankofchina.com/zm/

欧 洲

　　在欧洲设有分支机构的中资银行共10家，分别是国家开发银行、中国进出口银行、中国工商银行、中国农业银行、中国银行、中国建设银行、交通银行、招商银行、上海浦东发展银行、北京银行。上述中资银行在欧洲地区设立的一级机构共41家，其中分行23家、子行12家、代表处6家。

1. 比利时

共有 2 家中资银行在比利时设立了 2 家一级机构（2 家分行）。

中国工商银行

海外机构：中国工商银行（欧洲）有限公司布鲁塞尔分行

机构类别：分行［属于中国工商银行（欧洲）有限公司跨境分行］

主营业务：存贷款、汇款、外币兑换、国际结算、贸易融资、资金等
全面银行业务

下辖机构：无

成立时间：2011 年

地　　址：Avenue Louise 81, 1050 Brussels, Belgium

电　　话：（0032）25398888

传　　真：（0032）25398870

网　　站：www. icbc. be

中国银行

海外机构：中国银行（卢森堡）有限公司布鲁塞尔分行

机构类别：分行［属于中国银行（卢森堡）有限公司跨境分行］

主营业务：授信业务、国际结算、贸易融资、存汇兑、跨境人民币等

下辖机构：无

成立时间：2010 年 11 月

地　　址：20 Avenue Des Arts，1000，Brussels，Belgium

电　　话：（0032）24056688

传　　真：（0032）22302892

网　　站：http：//www. boc. cn

2. 波兰

共有 2 家中资银行在波兰设立了 2 家一级机构（2 家分行）。

中国工商银行

海外机构：中国工商银行（欧洲）有限公司华沙分行

机构类别：分行［属于中国工商银行（欧洲）有限公司跨境分行］

主营业务：存贷款、汇款、外币兑换、国际结算、贸易融资、资金等全面银行业务

下辖机构：无

成立时间：2012 年

地　　址：Plac Trzech Krzyzy 18，00 – 499 Warsaw，Poland

电　　话：（0048）222788066

传　　真：（0048）222788090

网　　站：www.icbcpl.com

中国银行

海外机构：中国银行（卢森堡）有限公司波兰分行

机构类别：分行［属于中国银行（卢森堡）有限公司跨境分行］

主营业务：授信业务、国际结算、贸易融资、存汇兑、跨境人民币等

下辖机构：无

成立时间：2012 年 6 月

地　　址：Ul. Zielna 41/43，00 – 108 Warsaw，Poland

电　　话：（0048）224178888

传　　真：（0048）224178777

网　　站：http://www.boc.cn

3. 德国

共有 5 家中资银行在德国设立了 5 家一级机构（5 家分行）。

中国工商银行

海外机构：中国工商银行法兰克福分行

机构类别：分行

主营业务：存贷款、汇款、外币兑换、国际结算、贸易融资、资金等全面银行业务

下辖机构：2 家分行

成立时间：1999 年

地　　址：Bockenheimer Anlage 15，60322 Frankfurt am Main，Germany

电　　话：（0049）6950604700

传　　真：（0049）6950604708

网　　站：www. icbc – ffm. de

中国农业银行

海外机构：中国农业银行法兰克福分行

机构类别：分行

主营业务：公司存款、双边贷款、银团贷款、贸易融资等批发业务

下辖机构：无

成立时间：2013 年 11 月

地　　址：Ulmenstrasse 37 – 39, 60325 Frankfurt am Main, Deutschland

电　　话：（0049）69401255211

传　　真：（0049）69401255139

网　　站：http://www. de. abchina. com

中国银行

海外机构：中国银行法兰克福分行

机构类别：分行

主营业务：欧元清算、授信业务、国际结算、贸易融资、存汇兑、跨境人民币等

下辖机构：3 家二级机构

成立时间：1989 年 3 月

地　　址：Bockenheimer Landstr. 24, 60323 Frankfurt am Main, Germany

电　　话：（0049）691700900

传　　真：（0049）69170090500

网　　站：http://www. boc. cn/de

中国建设银行

海外机构： 中国建设银行法兰克福分行

机构类别： 分行

主营业务： 持有全功能牌照，主要业务种类包括欧元清算、商业存款、贷款、国际结算、贸易融资、资金交易、跨境人民币等

下辖机构： 无

成立时间： 1999 年 9 月

地　　址： Bockenheimer Landstrasse 51 – 53, 60325 Frankfurt am Main, Germany

电　　话： (0049) 699714950

传　　真： (0049) 6997149588

网　　站： http://de.ccb.com

交通银行

海外机构：交通银行法兰克福分行

机构类别：分行

主营业务：存款业务、贷款业务、国际结算业务、资金业务、清算及
汇款业务、担保及咨询业务等全牌照商业银行业务

下辖机构：无

成立时间：2007 年 10 月

地　　址：Neue Mainzer Strasse 75，Frankfurt am Main，Germany

电　　话：（0049）696605890

传　　真：（0049）6966058938

网　　站：http://www.bankcomm.com

4. 俄罗斯

共有 5 家中资银行在俄罗斯设立了 5 家一级机构（3 家子行、2 家代表处）。

国家开发银行

海外机构：国家开发银行莫斯科代表处

机构类别：代表处

主营业务：无

下辖机构：无

成立时间：2010 年 9 月

地　　址：17393，Russian Federation，Moscow，Novatorov St.，build. 1，section LVI，2 Floor

电　　话：（007）4959894612

传　　真：（007）4959894611

网　　站：http://www.cdb.com.cn

中国进出口银行

海外机构：中国进出口银行圣彼得堡代表处

机构类别：代表处

主营业务：无

下辖机构：无

成立时间：2007 年 6 月

地　　址：No. 19, Sapyorny Per. Saint – Petersburg, 191014, Russia

电　　话：（007）8125793977

传　　真：（007）8125794830

网　　站：http://www. eximbank. gov. cn

中国工商银行

海外机构：中国工商银行（莫斯科）股份公司

机构类别：子行［商业银行］

主营业务：信贷、结算、贸易融资、存款、外汇兑换、代客资金交
易、全球现金管理和企业财务顾问、自然人无开户汇款服
务等商业银行业务

下辖机构：无

成立时间：2007 年

地　　址：Serebryanicheskaya Naberejnaya Street build. 29, First floor,
room 46 – 1, 109028, Moscow, Russia

电　　话：（007）4952873099

传　　真：（007）4952873098

网　　站：www. icbcmoscow. ru

中国银行

海外机构：中国银行（俄罗斯）

机构类别：子行

主营业务：授信业务、国际结算、贸易融资、存汇兑、跨境人民币等

下辖机构：2 家二级机构

成立时间：1993 年 4 月

地　　址：72, Prospekt Mira, 129110 Moscow, Russia

电　　话：(007) 4957950451

传　　真：(007) 4957950454

网　　站：http://www.bankofchina.com/ru/

中国建设银行

海外机构：中国建设银行（俄罗斯）有限责任公司

机构类别：子行

主营业务：持有全功能牌照，主要业务种类包括现金业务、存贷款业
务、结算、外汇交易、债券投资、咨询顾问等

下辖机构：无

成立时间：2013 年 3 月

地　　址：Lubyanskiy proezd, 11/1, bldg 1, 101000 Moscow Russia

电　　话：(007) 4956759800

传　　真：(007) 4956759810

网　　站：http://ru.ccb.com

5. 法国

共有 3 家中资银行在法国设立了 3 家一级机构（3 家分行）。

中国进出口银行

海外机构：中国进出口银行巴黎分行

机构类别：分行

主营业务：进出口信贷（国际贸易贷款）、对外承包工程贷款、海外投资贷款、贸易融资业务、对外担保、国际结算、存款业务、资金业务等

下辖机构：无

成立时间：2013 年 10 月

地　　址：62, Rue de Courcelles, 75008, Paris, France

电　　话：（0033）173000666

传　　真：（0033）173000667

网　　站：http://www.eximbank.gov.cn

中国工商银行

海外机构：中国工商银行（欧洲）有限公司巴黎分行

机构类别：分行［属于中国工商银行（欧洲）有限公司跨境分行］

主营业务：存贷款、汇款、外币兑换、国际结算、贸易融资、资金等
全面银行业务

下辖机构：无

成立时间：2011 年

地　　址：73，Boulevard Haussmann，75008，Paris

电　　话：（0033）140065888

传　　真：（0033）140065859

网　　站：www.icbcparis.fr

中国银行

海外机构：中国银行巴黎分行

机构类别：分行

主营业务：授信业务、国际结算、贸易融资、存汇兑、跨境人民币等

下辖机构：2 家二级机构

成立时间：1981 年 7 月

地　　址：23 – 25 Avenue De La Grande Armee 75116 Paris，France

电　　话：（0033）149701370

传　　真：（0033）149701372

网　　站：http://www.boc.cn

6. 荷兰

共有 3 家中资银行在荷兰设立了 3 家一级机构（2 家分行、1 家代表处）。

中国工商银行

海外机构： 中国工商银行（欧洲）有限公司阿姆斯特丹分行

机构类别： 分行［属于中国工商银行（欧洲）有限公司跨境分行］

主营业务： 存贷款、汇款、外币兑换、国际结算、贸易融资、资金等全面银行业务

下辖机构： 无

成立时间： 2011 年

地　　址： Johannes Vermeerstraat 7 - 9，1071DK Amsterdam

电　　话：（0031）205706666

传　　真：（0031）206702774

网　　站： www.icbc.co.nl

中国银行

海外机构：中国银行（卢森堡）有限公司鹿特丹分行

机构类别：分行［属于中国银行（卢森堡）有限公司跨境分行］

主营业务：授信业务、国际结算、贸易融资、存汇兑、跨境人民币等

下辖机构：无

成立时间：2007 年 6 月

地　　址：Westblaak 109，3012kh Rotterdam，Netherlands

电　　话：（0031）102175888

传　　真：（0031）102175899

网　　站：http://www.boc.cn

北京银行

海外机构：北京银行阿姆斯特丹代表处

机构类别：代表处

主营业务：收集同业信息、建立交流渠道

下辖机构：无

成立时间：2012 年 3 月

地　　址：Entrepotdok 197，Amserdam，1018AD

电　　话：（0031）655180885

传　　真：无

网　　站：http://www.bankofbcijing.com

7. 卢森堡

共有 3 家中资银行在卢森堡设立了 6 家一级机构（3 家分行、3 家子行）。

中国工商银行

海外机构：中国工商银行卢森堡分行

机构类别：分行

主营业务：存贷款、汇款、外币兑换、国际结算、贸易融资、资金等全面银行业务

下辖机构：无

成立时间：1999 年

地　　址：32 Boulevard Royal，L－2449 Luxembourg

电　　话：（00352）26866621

传　　真：（00352）26866699

网　　站：www. icbc. lu

海外机构： 中国工商银行（欧洲）有限公司

机构类别： 子行［商业银行］

主营业务： 存款、汇款、贷款、贸易融资、国际结算、人民币业务、货币兑换、资金清算、现金管理、私人银行、投资银行、资产管理和托管等各项银行业务

下辖机构： 6家跨境分行，包括巴黎分行、阿姆斯特丹分行、布鲁塞尔分行、米兰分行、马德里分行、华沙分行

成立时间： 2006年

地　　址： 32 Boulevard Royal，L－2449 Luxembourg

电　　话：（00352）26866621

传　　真：（00352）26866699

网　　站： www.icbc.eu

中国银行

海外机构： 中国银行卢森堡分行

机构类别： 分行

主营业务： 授信业务、国际结算、贸易融资、存汇兑、跨境人民币等

下辖机构： 无

成立时间： 1979年7月

地　　址： 37/39 Boulevard Prince Henri 1－1724 Luxembourg P. O. Box 1141－2011，Luxembourg

电　　话：（00352）221791

传　　真：（00352）221795

网　　站： http://www.boc.cn

海外机构：中国银行（卢森堡）有限公司

机构类别：子行

主营业务：授信业务、国际结算、贸易融资、存汇兑、跨境人民币等

下辖机构：5 家跨境分行，包括鹿特丹分行、布鲁塞尔分行、里斯本
　　　　　　分行、波兰分行、斯德哥尔摩分行

成立时间：1991 年

地　　址：37/39 Boulevard Prince Henri l – 1724 Luxembourg P. O. Box
　　　　　　1141 – 2011，Luxembourg

电　　话：（00352）228777

传　　真：（00352）228776

网　　站：http://www. boc. cn

中国建设银行

海外机构：中国建设银行卢森堡分行

机构类别：分行

主营业务：持有全功能牌照，主要业务种类包括公司存贷款业务、国
　　　　　　际结算、贸易融资、资金业务等

下辖机构：无

成立时间：2013 年 10 月

地　　址：1 Boulevard Royal L – 2449 Luxembourg，Luxembourg

电　　话：（00352）286688

传　　真：（00352）286688 01

网　　站：http://lu. ccb. com

海外机构：中国建设银行（欧洲）有限公司

机构类别：子行

主营业务：持有全功能牌照，主要业务种类包括公司存贷款业务、国际结算、贸易融资、资金业务等

下辖机构：无

成立时间：2013 年 10 月

地　　址：1 Boulevard Royal L－2449 Luxembourg，Luxembourg

电　　话：（00352）286688

传　　真：（00352）286688 01

网　　站：http：//eu.ccb.com

8. 葡萄牙

共有 2 家中资银行在葡萄牙设立了 2 家一级机构（1 家分行、1 家代表处）。

中国工商银行

海外机构：中国工商银行（澳门）股份有限公司葡萄牙里斯本代表处

机构类别：代表处

主营业务：业务调研及客户关系维护

下辖机构：无

成立时间：2006 年

地　　址：Avenida Duque de Loulé, No. 123, 1069 – 152 Lisboa Portugal

电　　话：（00351）211541971

传　　真：（00351）211541972

中国银行

海外机构： 中国银行（卢森堡）有限公司里斯本分行

机构类别： 分行［属于中国银行（卢森堡）有限公司跨境分行］

主营业务： 授信业务、国际结算、贸易融资、存汇兑、跨境人民币等

下辖机构： 无

成立时间： 2013 年 4 月

地　　址： Ruaduque De Palmela No. 35，35A E 37；1250－097 Lisboa，Portugal

电　　话：（00351）210495710

传　　真：（00351）210495738

网　　站： http：//www. boc. cn

9. 瑞典

共有 1 家中资银行在瑞典设立了 1 家一级机构（1 家分行）。

中国银行

海外机构： 中国银行（卢森堡）有限公司斯德哥尔摩分行

机构类别： 分行［属于中国银行（卢森堡）有限公司跨境分行］

主营业务： 授信业务、国际结算、贸易融资、存汇兑、跨境人民币等

下辖机构： 无

成立时间： 2012 年 7 月

地　　址： Birger Jarlsgatan 28，114 34 Stockholm，Sweden

电　　话：（0046）107888888

传　　真：（0046）107888801

网　　站： http://www.boc.cn

10. 西班牙

共有 1 家中资银行在西班牙设立了 1 家一级机构（1 家分行）。

中国工商银行

海外机构：中国工商银行（欧洲）有限公司马德里分行

机构类别：分行［属于中国工商银行（欧洲）有限公司跨境分行］

主营业务：存贷款、汇款、外币兑换、国际结算、贸易融资、资金等
全面银行业务

下辖机构：1 家分行

成立时间：2011 年

地　　址：Paseo de Recoletos，3，28004，Madrid，Spain

电　　话：（0034）912168888

传　　真：（0034）912168866

网　　站：www.icbc.com.es

11. 匈牙利

共有 1 家中资银行在匈牙利设立了 1 家一级机构（1 家子行）。

中国银行

海外机构：中国银行（匈牙利）

机构类别：子行

主营业务：授信业务、国际结算、贸易融资、存汇兑、跨境人民币等

下辖机构：1 家二级机构

成立时间：2003 年 1 月

地　　址：7 Jozsef Nador Ter，1051 Budapest，Hungary

电　　话：（00361）4299200

传　　真：（00361）4299202

网　　站：http://www.boc.cn

12. 意大利

共有 2 家中资银行在意大利设立了 2 家一级机构（2 家分行）。

中国工商银行

海外机构： 中国工商银行（欧洲）有限公司米兰分行

机构类别： 分行［属于中国工商银行（欧洲）有限公司跨境分行］

主营业务： 存贷款、汇款、外币兑换、国际结算、贸易融资、资金等全面银行业务

下辖机构： 无

成立时间： 2011 年

地　　址： Via Tommaso Grossi 2，20121 Milano，Italy

电　　话： （0039）0200668899

传　　真： （0039）0200668888

网　　站： www.icbcit.com

中国银行

海外机构：中国银行米兰分行

机构类别：分行

主营业务：授信业务、国际结算、贸易融资、存汇兑、跨境人民币等

下辖机构：2 家二级机构

成立时间：1998 年 4 月

地　　址：Via Santa Margherita，14/16 20121 Milan，Italy

电　　话：（0039）02864731

传　　真：（0039）0289013411

网　　站：http://www.boc.cn

13. 英国

共有 7 家中资银行在英国设立了 8 家一级机构（1 家分行、5 家子行、2 家代表处）。

中国工商银行

海外机构：中国工商银行（伦敦）有限公司

机构类别：子行［商业银行］

主营业务：存汇兑、贷款、贸易融资、国际结算、资金清算、代理和托管等全面银行服务

下辖机构：1 家分行

成立时间：2003 年

地　　址：81 King William Street, London EC4N 7BG, UK

电　　话：（0044）2073978888

传　　真：（0044）2073978899

网　　站：www.icbclondon.com

中国农业银行

海外机构：中国农业银行（英国）有限公司

机构类别：子行

主营业务：公司存款、双边贷款、银团贷款、贸易融资等批发业务

下辖机构：无

成立时间：2012 年 2 月

地　　址：7th Floor，1 Bartholomew Lane，London EC2N 2AX，UK

电　　话：（0044）2073748900

传　　真：（0044）2073746425

网　　站：http://www.uk.abchina.com

中国银行

海外机构：中国银行伦敦分行

机构类别：分行

主营业务：授信业务、国际结算、贸易融资、存汇兑、跨境人民币等

下辖机构：无

成立时间：1929 年 11 月

地　　址：One Lothbury，London EC2R 7DB，U K

电　　话：（0044）2072828888

传　　真：（0044）2076263892

网　　站：http://www.bankofchina.com/uk/

海外机构：中国银行（英国）有限公司

机构类别：子行

主营业务：授信业务、国际结算、贸易融资、存汇兑、跨境人民币等

下辖机构：4 家二级机构

成立时间：2007 年

地　　址：One Lothbury，London EC2R 7DB，U K

电　　话：（0044）2072828888

传　　真：（0044）2079293674

网　　站：http://www.boc.cn

中国建设银行

海外机构：中国建设银行（伦敦）有限公司

机构类别：子行

主营业务：持有批发业务牌照，主要业务种类包括公司存贷款业务、
国际结算、贸易融资、英镑清算、资金业务等

下辖机构：无

成立时间：2009 年 6 月

地　　址：18th Floor，40 Bank Street，Canary Wharf，London E14 5NR，
UK

电　　话：（0044）2070386000

传　　真：（0044）2070386001

网　　站：http://uk.ccb.com

交通银行

海外机构：交通银行（英国）有限公司

机构类别：子行

主营业务：存款业务、贷款业务、国际结算业务、资金业务、清算及
汇款业务等批发银行业务

下辖机构：无

成立时间：2011 年 11 月

地　　址：4th Floor，1 Bartholomew Lane，London EC2N 2AX，UK

电　　话：（0044）02076147600

传　　真：（0044）02076147602

网　　站：http：//www. bankcomm. com

招商银行

海外机构：招商银行伦敦代表处

机构类别：代表处

主营业务：无

下辖机构：无

成立时间：2009 年 7 月

地　　址：39 Cornhill，London，UK

电　　话：（0044）2072830198

传　　真：（0044）2072830195

网　　站：http：//www. cmbchina. com

上海浦东发展银行

海外机构：上海浦东发展银行伦敦代表处

机构类别：代表处

主营业务：无

下辖机构：无

成立时间：2013 年 10 月

地　　址：Room 439，1 Cornhill London EC3V 3ND

电　　话：（0044）2030085628

传　　真：无

网　　站：http://www.spdb.com.cn

北美洲

　　在北美洲设有分支机构的中资银行共6家，分别是中国工商银行、中国农业银行、中国银行、中国建设银行、交通银行、招商银行。上述中资银行在北美洲地区设立的一级机构共17家，其中分行11家、子行3家、代表处2家、附属公司1家。

1. 巴拿马

共有 1 家中资银行在巴拿马设立了 1 家一级机构（1 家分行）。

中国银行

海外机构：中国银行巴拿马分行

机构类别：分行

主营业务：授信业务、国际结算、贸易融资、存汇兑、跨境人民币等

下辖机构：无

成立时间：1994 年

地　　址：P. O. Box 0823 – 01030, Calle Manuel M. Icaza No. 14, Panama, Republic of Panama

电　　话：（00507）2635522

传　　真：（00507）2691079

网　　站：www. boc. cn

2. 加拿大

共有 3 家中资银行在加拿大设立了 3 家一级机构（2 家子行、1 家代表处）。

中国工商银行

海外机构：中国工商银行（加拿大）有限公司

机构类别：子行

主营业务：存款、贷款、结算汇款、贸易金融、外汇买卖、资金清算、人民币跨境结算、人民币现钞、现金管理、电子银行、银行卡和投融资信息咨询顾问等全面银行服务

下辖机构：8 家分行

成立时间：2010 年

地　　址：Unit 3710，Bay Adelaide Centre，333 Bay Street，Toronto，Ontario，M5H 2R2

电　　话：(001) 4163665588

传　　真：(001) 4166072000

网　　站：www.icbk.ca

中国农业银行

海外机构：中国农业银行温哥华代表处

机构类别：代表处

主营业务：无

下辖机构：无

成立时间：2012 年 6 月

地　　址：Suite 1260，355 Burrard Street，Vancouver，BC V6C 2G8，Canada

电　　话：（001）6046828468

传　　真：（001）8883899279

网　　站：http://www.abchina.com/cn

中国银行

海外机构：中国银行（加拿大）

机构类别：子行

主营业务：授信业务、国际结算、贸易融资、存汇兑、跨境人民币等

下辖机构：10 家二级机构

成立时间：1993 年 12 月

地　　址：Suite 600，50 Minthorn Boulevard Markham，l3t7x8，Ontario，Canada

电　　话：（001）9057716886

传　　真：（001）9057718555

网　　站：http://www.boc.cn

3. 美国

共有 6 家中资银行在美国设立了 13 家一级机构（10 家分行、1 家子行、1 家代表处、1 家附属公司）。

中国工商银行

海外机构：中国工商银行纽约分行

机构类别：分行

主营业务：公司金融、美元清算、资金交易等批发银行业务

下辖机构：无

成立时间：2008 年

地　　址：725 Fifth Avenue, 20th Floor, New York, NY, 10022, U. S. A.

电　　话：（001）2128387799

传　　真：（001）2128386688

网　　站：www. icbkus. com

海外机构：工银金融服务有限责任公司

机构类别：附属公司［证券清算］

主营业务：欧美证券清算业务，为机构客户提供证券清算、清算融资、会计和交易报表等专业的金融服务

下辖机构：无

成立时间：2010 年

地　　址：1633 Broadway, 28th Floor, New York, NY, 10019

电　　话：(001) 2129937300

传　　真：(001) 2129937349

网　　站：http://www.icbc.com.cn

海外机构：中国工商银行（美国）

机构类别：子行［商业银行］

主营业务：存款、贷款、结算汇款、贸易金融、跨境结算、现金管理、电子银行、银行卡等各项公司和零售银行服务

下辖机构：13 家分行

成立时间：2012 年

地　　址：202 Canal Street, New York, NY, 10013, U.S.A.

电　　话：(001) 2122388208

传　　真：(001) 2126190315

网　　站：www.icbc‑us.com

中国农业银行

海外机构： 中国农业银行纽约分行

机构类别： 分行

主营业务： 存贷款、贸易融资、国际结算、美元清算等批发银行业务

下辖机构： 无

成立时间： 2012 年 8 月

地　　址： 277 Park Ave, 30th Floor, New York, NY, 10172, U. S. A.

电　　话：（001）2128888998

传　　真：（001）6467385291

网　　站： http://www.us.abchina.com

中国银行

海外机构： 中国银行纽约分行

机构类别： 分行

主营业务： 美元清算、授信业务、国际结算、贸易融资、存汇兑、跨境人民币等

下辖机构： 3 家二级机构

成立时间： 1981 年 9 月

地　　址： 410 Madison Avenue, New York, NY, 10017, U. S. A.

电　　话：（001）2129353101

传　　真：（001）2125931831

网　　站： http://www.boc.cn

海外机构：中国银行皇后分行

机构类别：分行

主营业务：授信业务、国际结算、贸易融资、存汇兑、跨境人民币等

下辖机构：无

成立时间：1985 年 9 月

地　　址：42 - 35 Main Street, Flushing, New York, NY, 11355, U. S. A.

电　　话：(001) 2129252355

传　　真：(001) 7183213735

网　　站：http://www. boc. cn

海外机构：中国银行洛杉矶分行

机构类别：分行

主营业务：授信业务、国际结算、贸易融资、存汇兑、跨境人民币等

下辖机构：无

成立时间：1988 年 10 月

地　　址：444S. Flower Street, 39/F, Los Angeles, CA, 90071, U. S. A.

电　　话：(001) 2136888700

传　　真：(001) 2136880198

网　　站：http://www. boc. cn

海外机构：中国银行芝加哥分行

机构类别：分行

主营业务：授信业务、国际结算、贸易融资、存汇兑、跨境人民币等

下辖机构：无

成立时间：2012 年 12 月

地　　址：111S. Wacker Drive, Suite 4800, Chicago, IL, 60606, U. S. A.

电　　话：（001）3125068688

传　　真：（001）3127536721

网　　站：http://www. boc. cn

中国建设银行

海外机构：中国建设银行纽约分行

机构类别：分行

主营业务：持有批发银行牌照，主要业务种类包括商业存款、贷款、国际结算、贸易融资、资金交易、美元清算等

下辖机构：无

成立时间：2009 年 6 月

地　　址：1095 Avenue of the Americas 33FL, New York, NY, 10036, U. S. A.

电　　话：（001）6467812400

传　　真：（001）2122078288

网　　站：http://us. ccb. com

交通银行

海外机构：交通银行纽约分行

机构类别：分行

主营业务：存款业务、贷款业务、国际结算业务、资金业务、清算及
　　　　　　汇款业务等批发银行业务

下辖机构：旧金山分行

成立时间：1991 年 11 月

地　　址：31 & 32/FL., One Exchange Plaza, 55 Broadway, NY,
　　　　　　U. S. A.

电　　话：(001) 2123768030

传　　真：(001) 2123768089

网　　站：http://www.bocomny.com

海外机构：交通银行旧金山分行

机构类别：分行

主营业务：存款业务、贷款业务、国际结算业务及汇款业务等批发银
　　　　　　行业务

下辖机构：无

成立时间：2011 年 11 月

地　　址：575 Market Street, 38th Floor, San Francisco, CA, 94105,
　　　　　　U. S. A.

电　　话：(001) 4155380888

传　　真：(001) 4155380080

网　　站：http://www.bocomny.com

招商银行

海外机构：招商银行纽约分行

机构类别：分行

主营业务：企业存款、企业贷款、项目融资、贸易融资、并购融资、财务顾问、现金管理

下辖机构：无

成立时间：2008 年 10 月

地　　址：535 Madison Avenue, New York, U. S. A.

电　　话：（001）2127531801

传　　真：（001）2127531319

网　　站：http://ny. cmbchina. com

海外机构：招商银行美国代表处

机构类别：代表处

主营业务：无

下辖机构：无

成立时间：2003 年 10 月

地　　址：509 Madison Avenue, New York, U. S. A.

电　　话：（001）2126886606

传　　真：（001）2126886603

网　　站：http://www. cmbchina. com

南美洲

在南美洲设有分支机构的中资银行共 3 家，分别是国家开发银行、中国工商银行、中国银行。上述中资银行在南美洲地区设立的一级机构共 6 家，其中分行 1 家、子行 4 家、代表处 1 家。

1. 阿根廷

共有 1 家中资银行在阿根廷设立了 1 家一级机构（1 家子行）。

中国工商银行

海外机构： 中国工商银行（阿根廷）股份有限公司

机构类别： 子行［商业银行］

主营业务： 存款、贷款、结算汇款、贸易金融、外汇买卖、资金清算、金融市场、离岸金融、现金管理、投资银行、跨境贷款、电子银行、信用卡、零售和中小企业业务等全面银行业务

下辖机构： 103 家网点

成立时间： 2012 年

地　　址： Blvd. Cecilia Grierson 355，（C1107 BHA）Buenos Aires, Argentina

电　　话：（0054）91148209018

传　　真：（0054）91148201901

网　　站： www.icbc.com.ar

2. 巴西

共有3家中资银行在巴西设立了3家一级机构（2家子行、1家代表处）。

国家开发银行

海外机构：国家开发银行里约热内卢代表处

机构类别：代表处

主营业务：无

下辖机构：无

成立时间：2013年2月

地　　址：Av. Presidente Vargas, 955, 10th Floor – Centro – Rio de Janeiro – RJ

电　　话：（0055）21982839080

传　　真：无

网　　站：http://www.cdb.com.cn

中国工商银行

海外机构：中国工商银行（巴西）有限公司

机构类别：子行［商业银行］

主营业务：存款、贷款、贸易融资、国际结算、资金交易、代客理
财、财务顾问等商业银行和投资银行业务

下辖机构：无

成立时间：2013 年

地　　址：6 Floor，Buiding B，Avenue Brig. Faria Lima 3477，Sao Pau-
lo，SP，Brazil

电　　话：（0055）1123956600

传　　真：（0055）1123956600

网　　站：暂无

中国银行

海外机构：中国银行（巴西）有限公司

机构类别：子行

主营业务：授信业务、国际结算、贸易融资、存汇兑、跨境人民币等

下辖机构：无

成立时间：2009 年 7 月

地　　址：R. Frei Caneca，1332，Cep01307 - 002，Consolacao，Sao
Paulo，Sp，Brazil

电　　话：（0055）1135083200

传　　真：（0055）1135083299

网　　站：http://www.boc.cn

3. 秘鲁

共有 1 家中资银行在秘鲁设立了 1 家一级机构（1 家子行）。

中国工商银行

海外机构：中国工商银行（秘鲁）有限公司

机构类别：子行［商业银行］

主营业务：存款与贷款、贸易融资、汇款、结算、租赁、咨询等业务

下辖机构：无

成立时间：2012 年

地　　址：Av. Juan de Arona 151，Oficina 204，San Isidro，Lima27，Perú

电　　话：（0051）16316801

传　　真：（0051）16316803

网　　站：www. icbc. com. pe

4. 开曼群岛

共有 1 家中资银行在开曼群岛设立了 1 家一级机构（1 家分行）。

中国银行

海外机构：中国银行开曼分行

机构类别：分行

主营业务：离岸存拆及授信、存汇款、债券业务等

下辖机构：无

成立时间：1982 年 1 月

地　　址：Grand Pavilion Commercial Center 802 West Bay Road, P. O.
　　　　　Box 30995, Grand Cayman KY1 – 1204 Cayman Islands

电　　话：(001345) 9452000

传　　真：(001345) 9452200

网　　站：http://www.boc.cn

大洋洲

　　在大洋洲设有分支机构的中资银行共 5 家，分别是中国工商银行、中国农业银行、中国银行、中国建设银行、交通银行。上述中资银行在大洋洲地区设立的一级机构共 7 家，其中分行 4 家、子行 2 家、代表处 1 家。

1. 澳大利亚

共有 5 家中资银行在澳大利亚设立了 6 家一级机构（4 家分行、1 家子行、1 家代表处）。

中国工商银行

海外机构： 中国工商银行悉尼分行

机构类别： 分行

主营业务： 贸易融资、项目融资、银团贷款、公司贷款、公司存款、其他存款、资金业务、外汇交易、衍生交易、结算服务和资金清算等各项业务

下辖机构： 2 家分行

成立时间： 2008 年

地　　址： Level 1, 220 George Street, Sydney NSW 2000, Australia

电　　话：（0061）294755588

传　　真：（0061）292333982

网　　站： www.icbc.com.au

中国农业银行

海外机构：中国农业银行悉尼代表处①

机构类别：代表处

主营业务：无

下辖机构：无

成立时间：2010 年 3 月

地　　址：Level 18，Chifley Tower，2 Chifley Square，Sydney NSW 2000，Australia

电　　话：（0061）282278888

传　　真：（0061）282278800

网　　站：http://www.au.abchina.com

中国银行

海外机构：中国银行悉尼分行

机构类别：分行

主营业务：授信业务、国际结算、贸易融资、存汇兑、跨境人民币等

下辖机构：无

成立时间：1985 年 8 月

地　　址：39 – 41 York Street，Sydney NSW 2000，Australia

电　　话：（0061）282355888

传　　真：（0061）292621794

网　　站：http://www.boc.cn

---

① 中国农业银行悉尼代表处已于 2014 年 3 月升格为分行，原地址及联系方式保持不变。

海外机构：中国银行（澳大利亚）有限公司

机构类别：子行

主营业务：授信业务、国际结算、贸易融资、存汇兑、跨境人民币等

下辖机构：8 家二级机构

成立时间：2005 年

地　　址：39 – 41 York Street, Sydney NSW 2000, Australia

电　　话：（0061）282355888

传　　真：（0061）292621794

网　　站：http://www.boc.cn

中国建设银行

海外机构：中国建设银行悉尼分行

机构类别：分行

主营业务：持有批发银行牌照，主要业务种类包括公司存贷款业务、
国际结算、贸易融资、澳大利亚元清算等

下辖机构：1 家二级分行，即墨尔本分行

成立时间：2010 年 11 月

地　　址：Level 33, 126 Phillip Street, Sydney, NSW 2000, Australia

电　　话：（0061）280316100

传　　真：（0061）292239099

网　　站：http://au.ccb.com

交通银行

海外机构：交通银行悉尼分行

机构类别：分行

主营业务：存款业务、贷款业务、国际结算业务、资金业务、清算及
汇款业务等批发银行业务

下辖机构：无

成立时间：2011 年 11 月

地　　址：Level 27，363 George Street Sydney，NSW 2000，Australia

电　　话：（0061）280298888

传　　真：（0061）280298800

网　　站：http://www.bankcomm.com

2. 新西兰

共有 1 家中资银行在新西兰设立了 1 家一级机构（1 家子行）。

中国工商银行

海外机构： 中国工商银行新西兰有限公司

机构类别： 子行〔商业银行〕

主营业务： 存款、贷款、国际结算及贸易融资、外币兑换、担保、账户管理、网上银行和银行卡等商业银行服务

下辖机构： 无

成立时间： 2014 年

地　　址： Level 11, 188 Quay Street, Auckland CBD, P. O. Box 106656, Auckland City, Auckland 1143, New Zealand

电　　话： (0064) 93747288

传　　真： (0064) 93747287

网　　站： www. icbcnz. com

海外主要监管机构情况简介

亚　洲

1. 阿联酋

机构名称：阿联酋中央银行（Central Bank of the UAE, CBUAE）

主要职责：负责制定和实施银行、信贷和货币政策以保证阿联酋国家经济以均衡的方式增长。

网　　站：http://www. centralbank. ae

机构名称：迪拜金融服务局（Dubai Financial Services Authority, DFSA）

主要职责：负责迪拜国际金融中心金融机构市场准入及监管工作。

网　　站：http://www. dfsa. ae

2. 巴基斯坦

机构名称：巴基斯坦国家银行（State Bank of Pakistan）

主要职责：负责巴基斯坦货币和信贷系统，以促进国家利益与确保货币稳定，以及更充分地发挥本国的生产资源优势。

网　　站：http://www. nbp. com. pk

3. 巴林

机构名称： 巴林中央银行（Central Bank of Bahrain）

主要职责： 负责实施巴林货币政策和汇率政策，管理政府外汇储备和债券发行，发行货币和监管国家支付结算系统。它是巴林唯一的金融监管机构，全部监管银行、保险、投资业务和资本市场活动等。

网　　站： http://www.cbb.gov.bh

4. 朝鲜

机构名称： 朝鲜中央银行（Central Bank of the Democratic People's Republic of Korea）

主要职责： 作为朝鲜唯一的货币发行银行，为政府机构提供流动资金。除接收国民收入外，还管理贵重金属。

网　　站： 无

5. 菲律宾

机构名称： 菲律宾中央银行（Bangko Sentral ng Pilipinas）

主要职责： 负责监管银行运营，旨在稳定物价以保持均衡持续的经济增长。主要职责包括流动资金管理、货币发行、金融监管、外汇储备管理、汇率政策制定和其他活动。

网　　站： http://www.bsp.gov.ph

6. 哈萨克斯坦

机构名称：哈萨克斯坦国家银行（National Bank of Kazakhstan）

主要职责：负责制定和实施国家货币政策，确保支付体系的正常运行，实施外汇管制，促进金融系统的稳定，监管金融市场和金融机构等。

网　　站：http://www.nationalbank.kz

7. 韩国

机构名称：韩国银行（Bank of Korea）

主要职责：其作为韩国的中央银行，负责制定和实施货币政策，保持金融体系稳定，监管支付体系，管理外汇储备。

网　　站：http://www.bok.or.kr

机构名称：韩国金融监督委员会（Financial Services Commission，FSC）

主要职责：负责制定金融政策和规定。

网　　站：http://www.fsc.go.kr

机构名称：韩国金融监督院（Financial Supervisory Service，FSS）

主要职责：负责对金融机构的具体监督检查。

网　　站：http://www.fss.or.kr

8. 吉尔吉斯斯坦

机构名称: 吉尔吉斯斯坦共和国国家银行（National Bank of the Kyrgyz Republic）

主要职责: 负责制定和实施国家货币政策，监管银行等金融机构和信贷机构的活动，促进支付系统的有效运行，建立银行运行规则，是发行钞票的唯一机构。

网　　站: http://www.nbkr.kg

9. 柬埔寨

机构名称: 柬埔寨国家银行（National Bank of Cambodia，NBC）

主要职责: 监管银行和其他金融机构，通过审核财务报表发现违法交易。

网　　站: http://www.nbc.org.kh

10. 卡塔尔

机构名称： 卡塔尔中央银行（Qatar Central Bank）

主要职责： 稳定汇率、商品及服务价格，监管银行业务，提高办事效率，以实现货币和金融的稳定。监管和调控投资基金、养老基金，打击非法洗钱和恐怖主义融资（AML/CFT）。

网　　站： http://www.qcb.gov.qa

机构名称： 卡塔尔金融中心监管局（Qatar Financial Centre Regulatory Authority）

主要职责： 采用以风险管理为基础的监管办法，监控金融信息以及常规线上、线下风险评估。

网　　站： http://www.qfcra.com

11. 科威特

机构名称： 科威特中央银行（Central Bank of Kuwait）

主要职责： 是政府的金融顾问，代表国家发行货币，保持科威特第纳尔的相对稳定及确保其能自由兑换成外币，指导信贷政策以期促进社会经济发展及提高国民收入，监管银行体系。

网　　站： http://new.cbk.gov.kw

12. 老挝

机构名称： 老挝中央银行（Bank of the Lao P.D.R）

主要职责： 履行中央银行职责。

网　　站： 暂无

13. 马来西亚

机构名称： 马来西亚中央银行（Bank Negara Malaysia）

主要职责： 实行稳健的货币政策，保持林吉特的购买力和金融体系的稳定，发展金融系统基础设施，构建安全、高效的支付系统和必要的机构，发行货币以及管理国家国际储备。马来西亚中央银行是政府的银行家和顾问，在提供宏观经济政策和管理公共债务方面扮演着重要角色。

网　　站： http://www.bnm.gov.my

14. 蒙古国

机构名称： 蒙古银行（Bank of Mongolia）

主要职责： 履行中央银行职责，主要目标是保证物价稳定，通过保持货币和金融业的稳定促进经济平衡持续发展。蒙古银行通过设置政策利率、吸收流动资金和管理汇率来实施货币政策。

网　　站： http://www.mongolbank.mn

15. 缅甸

机构名称： 缅甸中央银行（Central Bank of Myanmar）

主要职责： 发行政府债券，管理外汇市场，授权外汇交易商执照。

网　　站： http://www.cbm.gov.mm

16. 日本

机构名称： 日本银行（Bank of Japan）

主要职责： 日本货币发行银行，负责货币调控，并确保各银行和其他金融机构资金结算顺利进行。

网　　站： http://www.boj.or.jp

机构名称： 日本金融厅（Financial Services Agency）

主要职责： 是金融监管当局，由日本内阁府直属管辖，全面负责对日本金融市场的监管工作。

网　　站： http://www.fsa.go.jp

机构名称： 日本存款保险公司（Deposit Insurance Corporation of Japan）

主要职责： 负责存款保险。

网　　站： http://www.dic.go.jp

17. 沙特阿拉伯

机构名称： 沙特货币总署（Saudi Arabian Monetary Agency，SAMA）

主要职责： 金融监管。

网　　站： http://www.sama.gov.sa/sites/SAMAEN

18. 塔吉克斯坦

机构名称： 塔吉克斯坦国家银行（National Bank of Tajikistan）

主要职责： 制定和实施政府货币和汇率政策，进行经济和货币分析，监管和授权银行和其他信贷机构活动，监管国家支付体系，发行货币并控制其发行量，管理官方外汇储备等。

网　　站： http://www.nbt.tj

19. 泰国

机构名称： 泰国中央银行（Bank of Thailand）

主要职责： 负责发行货币、制定货币政策等。建立和支持支付系统，监管金融机构，管理国家外汇汇率和货币储备。

网　　站： http://www.bot.or.th

20. 土耳其

机构名称： 土耳其中央银行（Central Bank of the Republic of Turkey）

主要职责： 首要目标是稳定物价，全力支持政府推行的增加就业方面的政策。

网　　站： http://www.tcmb.gov.tr

机构名称： 土耳其银行监理署（Banking Regulation and Supervision Agency）

主要职责： 旨在保障金融市场的信心和稳定，提供有效的贷款体系，保障储户的权益。监管各机构的行为，如合并与解体、银行的股份转让和流动性改变等。

网　　站： http://www.bddk.org.tr

21. 土库曼斯坦

机构名称： 土库曼斯坦中央银行（Central Bank of Turkmenistan）

主要职责： 履行中央银行职责。

网　　站： http://www.cbt.tm

22. 新加坡

机构名称： 新加坡金管局（Monetary Authority of Singapore）

主要职责： 履行中央银行职责，旨在实现可持续、非通胀的经济增长；调控新加坡汇率、外汇储备以及银行业流动性；监管新加坡所有金融机构，包括各银行、保险公司、资本市场中介、金融顾问和证券交易市场。

网　　站： http://www.mas.gov.sg

23. 伊朗

机构名称： 伊朗中央银行（Central Bank of the Islamic Republic of Iran）

主要职责： 负责制定货币和信用制度，制定流出量相关管理制度和本币与外汇的回流政策。

网　　站： http://www.cbi.ir

24. 以色列

机构名称：以色列中央银行银行监管局（The Supervisor of Banks at the Bank of Israel）

主要职责：隶属以色列中央银行，负责以色列的银行监管与准入。

网　　站：无

25. 印度

机构名称：印度储备银行（Reserve Bank of India）

主要职责：作为货币发行银行，制定、实施和监测货币政策，保持物价稳定，监管金融体系，管理外汇。

网　　站：http://www.rbi.org.in

26. 印度尼西亚

机构名称：印度尼西亚金融服务局（Indonesia Financial Services Authority/Otoritas Jasa Keuangan，OJK）

主要职责：负责银行机构、资本市场和非银行机构的监管。该机构于2014年1月1日起正式运行。

网　　站：http://www.ojk.go.id

27. 越南

机构名称： 越南国家银行（State Bank of Vietnam）

主要职责： 作为政府机构，主要负责制定货币政策，调控银行业行为和国家外汇；为政府提供金融服务，管理公共服务等。

网　　站： http://www.sbv.gov.vn

28. 约旦

机构名称： 约旦中央银行（Central Bank of Jordan）

主要职责： 维持货币和金融稳定，谋求可持续经济增长和社会稳定，改善投资环境；监控银行等金融机构的运营状况，监管"实时总结算体系"。

网　　站： http://www.cbj.gov.jo

29. 中国香港

机构名称： 香港金融管理局（Hong Kong Monetary Authority）

主要职责： 负责监管银行业。

网　　站： http://www.hkma.gov.hk

机构名称： 香港证券及期货事务监察委员会（Securities & Futures Commission of Hong Kong）

主要职责： 负责监管证券业。

网　　站： http://www.sfc.hk

机构名称： 香港保险业监理处（Office of the Commissioner of Insurance）

主要职责： 负责监管保险业。

网　　站： http://www.oci.gov.hk

机构名称： 香港强制性公积金计划管理局 （Mandatory Provident Fund Schemes Authority）

主要职责： 负责退休计划。

网　　站： http://www.mpfa.org.hk

30. 中国澳门

机构名称： 澳门金融管理局 （Monetary Authority of Macao）

主要职责： 指导、统筹和监察货币、金融、外汇和保险市场，确保其正常运行，并对该等市场的经营者进行监管。

网　　站： http://www.amcm.gov.mo

31. 中国台湾

机构名称： "金融监督管理委员会" （Financial Supervisory Commission）

主要职责： 主要目标是维持金融稳定、落实金融改革、协助产业发展、加强消费者与投资者保护与金融教育。

网　　站： http://www.fsc.gov.tw

机构名称： "中央银行"（Central Bank）

主要职责： 发行货币、宏观监管。

网　　站： http://www.cbc.gov.tw

非 洲

1. 埃及

机构名称：埃及中央银行（The Central Bank of Egypt，CBE）

主要职责：负责监管金融机构和各银行，是自治的管理机构。负责稳定物价，保持银行业的稳健发展；制定和实施货币、信贷和银行政策；管理外汇储备，监管国家支付体系，跟进埃及的外债。

网　　站：http://www.cbe.org.eg

机构名称：埃及金融监管局（Egyptian Financial Supervisory Authority，EFSA）

主要职责：负责监督和规范非银行金融市场和金融工具相关的所有活动。

网　　站：http://www.efsa.gov.eg

2. 埃塞俄比亚

机构名称：埃塞俄比亚国家银行（National Bank of Ethiopia）

主要职责：履行中央银行职责，维持价格和汇率稳定，改善金融体系，管理本国的国际储备，为政府经济研究和政策制定提供建议；保证商业银行的平均不良贷款率低于15%，对银行、保险业进行监管。

网　　站：http://www.nbe.gov.et

3. 安哥拉

机构名称：安哥拉国家银行（National Bank of Angola）

主要职责：履行中央银行职责。

网　　站：http://www. bna. ao

4. 加纳

机构名称：加纳银行（Bank of Ghana, BOG）

主要职责：履行中央银行职责，管理、监督和指导银行和信贷系统，保障金融行业平稳发展；监管支付和清算系统；授权、管理和监督非银行业金融机构。

网　　站：http://www. bog. gov. gh

5. 喀麦隆

机构名称：中非国家中央银行（Bank of Central African States, BEAC）

主要职责：中部非洲六个国家的中央银行，总部设在喀麦隆。

网　　站：http://www. beac. int

机构名称：中非六国银监会（Commission Bancaire de l'Afrique Centrale, COBAC）

主要职责：作为独立的地区性组织，负责金融机构监管，机构属地在喀麦隆，由中非国家中央银行行长主持工作。

网　　站：暂无

6. 摩洛哥

机构名称： 摩洛哥银行（Bank Al – Maghrib, BAM）

主要职责： 履行中央银行职责。

网　　站： http://www.bkam.ma

7. 南非

机构名称： 南非储备银行（South African Reserve Bank, SARB）

主要职责： 履行中央银行职责，负责货币的发行和对银行业的监管工作；管理国家黄金和外汇储备，保障国家支付体系的有效性。

网　　站： http://www.resbank.co.za

8. 尼日利亚

机构名称： 尼日利亚中央银行（Central Bank of Nigeria, CBN）

主要职责： 制定规章制度以维持金融稳定，负责银行和其他金融机构的准入。

网　　站： http://www.cenbank.org

9. 坦桑尼亚

机构名称： 坦桑尼亚中央银行（Bank of Tanzania）

主要职责： 监管银行和金融机构及其准入，监管资本充足率、流动性、信贷集中率、风险分散、资产分类等。

网　　站： http://www.bot – tz.org

10. 赞比亚

机构名称：赞比亚银行（Bank of Zambia，BZ）

主要职责：履行中央银行职责，监管银行和金融服务机构，确保金融系统稳定；管理银行业、货币和支付系统；为政府和商业银行等提供有效建议。

网　　站：http://www.boz.zm

欧　洲

1. 爱尔兰

机构名称： 爱尔兰中央银行（Central Bank of Ireland）

主要职责： 2010 年，根据《爱尔兰中央银行重组法》，爱尔兰中央银行与爱尔兰金融服务监管局（IFSRA）合并，由爱尔兰中央银行行使监管职能。

网　　站： http://www.centralbank.ie

2. 奥地利

机构名称： 奥地利国民银行（Oesterreichische National Bank，OeNB）

主要职责： 属奥地利国家所有的股份制公司，履行中央银行职责，负责维护本国金融稳定、制定货币政策等。

网　　站： http://www.oenb.at

机构名称： 奥地利金融市场管理局（Financial Market Authority，FMA）

主要职责： 负责对银行、保险、证券业的监管。

网　　站： http://www.fma.gv.at

3. 白俄罗斯

机构名称： 白俄罗斯国家银行（National Bank of the Republic of Belarus，NBRB）

主要职责： 履行中央银行职责。负责发行货币和国家银行证券，管理货币流通，对银行业进行监管，授权银行和非银行金融机构从事证券交易服务，监管银行和非银行金融机构的证券发行、期货交易等。

网　　站： http://www.nbrb.by

4. 比利时

机构名称： 比利时国家银行（National Bank of Belgium，NBB）

主要职责： 行使制定货币政策、发行货币、保持金融体系的宏观稳定和微观审慎监管等中央银行职能。

网　　站： http://www.nbb.be

机构名称： 比利时金融服务与市场管理局（Financial Services and Market Authority，FSMA）

主要职责： 取代比利时金融监管委员会，负责金融业监管。

网　　站： http://www.fsma.be

5. 冰岛

机构名称：冰岛中央银行（Central Bank of Iceland）

主要职责：负责维护金融市场稳定。

网　　站：http://www.cb.is

机构名称：冰岛金融监管局（Financial Supervisory Authority in Iceland，FME）

主要职责：独立的政府机构，负责银行、保险、证券业等的监管。

网　　站：http://en.fme.is

6. 波兰

机构名称：波兰中央银行（Narodowy Bank Polski，NBP）

主要职责：履行中央银行职责。

网　　站：http://www.nbp.pl

机构名称：波兰金融监管局（Polish Financial Supervision Authority，PFSA）

主要职责：陆续接管了原保险和养老金监管委员会（IPFSC）和波兰证券交易委员会（PSEC），以及波兰银行监督委员会（CBS）业务，负责对银行、证券和保险业的统一监管。

网　　站：http://www.knf.gov.pl

7. 德国

机构名称： 德国中央银行（Deutsche Bundesbank，DB）

主要职责： 对银行业实施监管，保持金融市场的稳定。对约 2300 家信贷机构的清偿能力、流动性和风险管理体系等方面实施监管。

网　　站： http://www.bundesbank.de

机构名称： 德国联邦金融监理署（Federal Financial Supervisory Authority，BAFIN）

主要职责： 主要依赖非政府力量来实施对银行的监管。

网　　站： http://www.bafin.de

8. 俄罗斯

机构名称： 俄罗斯联邦中央银行（Central Bank of the Russian Federation）

主要职责： 对信贷机构和银行实施监管，管理信贷机构的准入、延期和撤销等工作。

网　　站： http://www.cbr.ru

9. 法国

机构名称：法兰西银行（Banque De France）

主要职责：作为该国中央银行，为保持金融稳定，对金融市场基础设施进行监管，包括支付系统、清算系统、金融工具清算系统等。

网　　站：http://www. banque – france. fr

机构名称：法国审慎监管和处置局（French Prudential Supervisory Authority，ACPR）

主要职责：隶属于中央银行，成立于 2010 年，由原法兰西共和国银行委员会和法国保险与互助保险监管局合并而成，负责对银行业和保险业的监管。

网　　站：http://acpr. banque – france. fr

机构名称：法国金融市场监管委员会（Financial Markets Authority，AMF）

主要职责：负责对证券业的监管。

网　　站：http://www. amf – france. org

10. 荷兰

机构名称：荷兰中央银行（De Nederlandsche Bank，DNB）

主要职责：履行中央银行职责，并同欧洲其他各国的中央银行一道确保欧洲物价的稳定及宏观经济的均衡发展。

网　　站：http://www. dnb. nl

11. 捷克

机构名称：捷克国家银行（Czech National Bank，CNB）

主要职责：履行中央银行职责，主要对银行、保险、资本市场、养老
金、信贷、外汇和支付系统机构进行监督管理。

网　　站：http://www.cnb.cz

12. 卢森堡

机构名称：卢森堡中央银行（Banque Centrale Du Luxembourg，BCL）

主要职责：负责货币政策和宏观审慎监管。

网　　站：http://www.bcl.lu

机构名称：卢森堡金融监管委员会（The Commission de Surveillance du
Secteur Financier，CSSF）

主要职责：负责银行业和证券业监管。

网　　站：http://www.cssf.lu

机构名称：卢森堡保险业监管委员会

主要职责：作为财政部职能部门，负责保险业监管。

网　　站：暂无

13. 马耳他

机构名称： 马耳他中央银行（Central Bank of Malta）

主要职责： 负责维护市场价格稳定；监管市场基础设施，保障证券支付和清算体系正常运作，以促进金融市场的发展和整合。

网　　站： http://www. centralbankmalta. org

机构名称： 马耳他金融服务局（Malta Financial Services Authority，MF-SA）

主要职责： 负责对银行业、保险业、其他金融机构的监管。

网　　站： http://www. mfsa. com. mt

14. 挪威

机构名称： 挪威中央银行（Norges Bank）

主要职责： 履行中央银行职责，对各银行的运作实行监管，确保银行遵守相关法律法规，进行年度结算以及审批银行预算。

网　　站： http://www. norges – bank. no/

机构名称： 挪威金融监管局（The Financial Supervisory Authority of Norway，FINANSTILSYNET）

主要职责： 监管证券发行和投资者行为，确保其合法性，稳定金融市场，保障市场信心。

网　　站： http://www. finanstilsynet. no

15. 葡萄牙

机构名称：葡萄牙中央银行（Banco de Portugal）

主要职责：负责对信贷机构、金融企业和支付机构进行监管，以确保金融体系的稳定、完善和有效性；提高交易透明度，保障消费者权益。

网　　站：http://www.bportugal.pt

机构名称：证券市场委员会（The Portuguese Securities Market Commission，CMVM）

主要职责：一家独立的公共机构，有行政和财政自治权，主要监管证券和其他一些金融工具市场。

网　　站：http://www.cmvm.pt

机构名称：葡萄牙保险局（Insurance and Pension Funds Supervisory Authority，ISP）

主要职责：对保险和养老体系进行监管，确保投保人、被保险人、参与人和受益人的合法权益。

网　　站：http://www.isp.pt

16. 瑞典

机构名称：瑞典中央银行（The Riksbank）
主要职责：履行中央银行职责，执行有关货币政策。
网　　站：http://www.riksbank.se

机构名称：瑞典金融监管局（Financial Supervisory Authority, Finansin-spektionen, FI）
主要职责：负责对银行、证券、保险的统一监管。
网　　站：http://www.fi.se

17. 瑞士

机构名称：瑞士国家银行（Swiss National Bank, SNB）
主要职责：履行中央银行职责，确保稳定物价并维持金融稳定。
网　　站：http://www.snb.ch

机构名称：瑞士金融市场委员会（Swiss Financial Market Supervisory Authority, FINMA）
主要职责：成立于 2007 年，独立于联邦政府，合并原瑞士联邦银行委员会（SFBC）等机构职能，负责对银行、证券、保险业的统一监管。
网　　站：http://www.finma.ch

18. 塞浦路斯

机构名称： 塞浦路斯中央银行（Central Bank of Cyprus）

主要职责： 对银行进行监管，包括在境内成立的银行及其海外分行。

网　　站： http://www. centralbank. gov. cy

19. 乌克兰

机构名称： 乌克兰国家银行（National Bank of Ukraine，NBU）

主要职责： 履行中央银行职责，对银行业进行监管，以维持行业稳定，保障用户权益和资金安全。其监管下的银行包括各行分行、附属的相关机构、境内银行及其海外分行、在境内设立的海外银行等。

网　　站： http://www. bank. gov. ua

20. 西班牙

机构名称： 西班牙中央银行（The Bank of Spain）

主要职责： 对主要金融机构进行监察，定期收集相关信息，分析银行运行状况。

网　　站： http://www. bde. es

21. 匈牙利

机构名称： 匈牙利中央银行（The Central Bank of Hungary）

主要职责： 2013 年，匈牙利中央银行宣称，已将之前匈牙利金融监管局（HFSA）的金融监管职能收归中央银行，由中央银行负责统一监管。

网　　站： http:// mnb. hu

22. 意大利

机构名称： 意大利中央银行（Bank of Italy）

主要职责： 一方面，制定管理框架，对银行业和金融中介实施监管，确保相关规章制度能切实地贯彻实施；另一方面，提高金融交易的透明度和准确性，增进与客户的联系。此外，致力于提高民众金融知识水平，使他们作出正确决定。

网　　站： http://www. bancaditalia. it

23. 英国

机构名称： 英格兰银行（Bank of England）

主要职责： 履行中央银行职责，负责维持英国货币及金融的稳定。

网　　站： http://www.bankofengland.co.uk

机构名称： 审慎监管局（Prudential Regulation Authority，PRA）

主要职责： 设在英格兰银行内，负责对银行、建筑业、信贷联盟、保险公司和主要投资公司进行监管。

网　　站： http://www.bankofengland.co.uk

机构名称： 行为监管局（Financial Conduct Authority，FCA）

主要职责： 规范财务公司及财务顾问的行为，确保金融系统健康稳定。

网　　站： http://www.fca.org.uk

24. 欧盟

机构名称： 欧洲中央银行（European Central Bank，ECB）

主要职责： 履行欧元区中央银行职责，确保欧元购买力及稳定市场价格。

网　　站： http://www.ecb.europa.eu

北美洲

1. 古巴

机构名称：古巴中央银行（The Central Bank of Cuba, BCC）

主要职责：负责对金融业的监管。

网　　站：http://www.bc.gov.cu

2. 加拿大

机构名称：加拿大财政部（Department of Finance）

主要职责：负责对银行业和保险业实施监管的联邦机构均隶属于财政部，分别为金融机构监管署（OSFI）、存款保险公司（CDIC）、金融消费者委员会（FCAC）。

网　　站：http://www.fin.gc.ca

机构名称：加拿大中央银行（Bank of Canada）

主要职责：履行中央银行职责。

网　　站：http://www.bankofcanada.ca

机构名称：加拿大金融机构监理署（Office of the Superintendent of Financial Institutions, OSFI）

主要职责：隶属于加拿大财政部，具体负责规范并监管金融机构，以及对私有养老金项目进行监管。

网　　站：http://www.osfi-bsif.gc.ca

3. 美国

机构名称: 美联储 (Federal Reserve, Fed)

主要职责: 履行中央银行职责,负责监管成员银行和金融控股公司。

网　　站: http://www. federalreserve. gov

机构名称: 美国货币监理署 (Office of the Comptroller of the Currency, OCC)

主要职责: 对联邦注册的银行发放牌照并进行监管,主要为大型银行。

网　　站: http://www. occ. treas. gov

机构名称: 美国联邦存款保险公司 (Federal Deposit Insurance Corporation, FDIC)

主要职责: 对投保的银行和储蓄机构(由各州设立)提供存款保险,并对4500多家银行进行监管,主要为中小银行。

网　　站: http://www. fdic. gov

4. 墨西哥

机构名称: 墨西哥银行 (Banco de Mexico)

主要职责: 发行货币,稳定国内货币购买力,促进金融系统的稳健发展和支付系统的最优运行。

网　　站: http://www. banxico. org. mx

南美洲

1. 阿根廷

机构名称：金融交易机构监管署（Superintendence of Financial and Exchange Institutions，SEFyC）

主要职责：该部门设在阿根廷中央银行（BCRA）内，负责对金融机构的监管。

网　　站：http://www.bcra.gov.ar

2. 巴西

机构名称：巴西中央银行（The Banco Central do Brasil，BCB）

主要职责：负责对金融业的统一监管。

网　　站：http://www.bcb.gov.br

3. 委内瑞拉

机构名称：委内瑞拉中央银行（Central Bank of Venezuela，BCV）

主要职责：履行中央银行职责。

网　　站：http://www.bcv.org.ve

机构名称：银行监管局（Superintendency of Banks）

主要职责：负责银行监管工作。

网　　站：暂无

4. 乌拉圭

机构名称：金融服务监管部（Financial Services Superintendency, SSF）

主要职责：该部门设在乌拉圭中央银行（Central Bank of Uruguay, BCU）内，负责对金融机构进行监管。

网　　站：http://www. bcu. gub. uy

5. 秘鲁

机构名称：秘鲁中央储备银行（Central Reserve Bank of Peru, BCRP）

主要职责：监管金融体系中的货币和信贷，管理国际储备，发行纸币和硬币，定期汇报国家财政状况。

网　　站：http://www. bcrp. gob. pe

6. 智利

机构名称：智利中央银行（Central Bank of Chile, BCC）

主要职责：履行中央银行职责。

网　　站：http://www. bcentral. cl

大洋洲

1. 澳大利亚

机构名称：澳大利亚储备银行（Reserve Bank of Australia，RBA）

主要职责：履行中央银行职责，确保澳大利亚货币稳定和经济繁荣。

网　　站：http://www.rba.gov.au

机构名称：澳大利亚审慎监管署（Australian Prudential Regulation Authority，APRA）

主要职责：负责对银行业的监管。

网　　站：http://www.apra.gov.au

机构名称：澳大利亚证券投资委员会（Australian Securities and Investments Commission，ASIC）

主要职责：负责对证券业的监管。

网　　站：http://www.asic.gov.au

2. 新西兰

机构名称：新西兰储备银行（Reserve Bank of New Zealand）

主要职责：履行中央银行职责，制定货币政策以实现和保持物价稳定，协助运行一个健全而有效的金融体系，满足大众的货币需求，监管和运行有效的支付体系，为银行提供有效的支持服务。

网　　站：http://www.rbnz.govt.nz

附录一

已与中国银监会签署双边监管合作谅解备忘录 （MOU） 的海外监管机构名单

机构名称	机构外文名称	生效时间
1. 澳门金融管理局	Monetary Authority of Macao	2003 年 8 月 22 日
2. 香港金融管理局	Hong Kong Monetary Authority	2003 年 8 月 25 日
3. 英国金融服务局	Financial Services Authority	2003 年 12 月 10 日
4. 韩国金融监督委员会	Financial Supervisory Commission	2004 年 2 月 3 日
5. 新加坡金融管理局	Monetary Authority of Singapore	2004 年 5 月 14 日
6 – 1 美联储	Board of Governors of the Federal Reserve System（FED）/	
美国货币监理署/	Office of the Comptroller of the Currency（OCC）/	2004 年 6 月 17 日
美国联邦存款保险公司/	Federal Deposit Insurance Corporation（FDIC）/	
6 – 2 美国加利福尼亚州金融厅	California Department of Financial Institutions	2007 年 11 月 6 日
6 – 3 美国纽约州银行厅	New York State Banking Department	2009 年 5 月 7 日
7. 加拿大金融机构监管署	Office of the Superintendent of Financial Institutions Canada	2004 年 8 月 13 日
8. 吉尔吉斯斯坦共和国国家银行	National Bank of the Kyrgyz Republic	2004 年 9 月 21 日
9. 巴基斯坦国家银行	State Bank of Pakistan	2004 年 10 月 15 日
10. 德国联邦金融监理署	Federal Financial Supervisory Authority（BaFin）	2004 年 12 月 6 日
11. 波兰共和国银行监督委员会	Commission for Banking Supervision of the Republic of Poland	2005 年 2 月 27 日

续表

机构名称	机构外文名称	生效时间
12. 法兰西共和国银行委员会	Commission Bancaire	2005 年 3 月 24 日
13. 澳大利亚审慎监管署	Australian Prudential Regulation Authority	2005 年 5 月 23 日
14. 意大利中央银行	Banca d'Italia	2005 年 10 月 17 日
15. 菲律宾中央银行	Bangko Sentral ng Pilipinas	2005 年 10 月 18 日
16. 俄罗斯联邦中央银行	Central Bank of the Russian Federation	2005 年 11 月 3 日
17. 匈牙利金融监管局	Hungarian Financial Supervisory Authority	2005 年 11 月 21 日
18. 西班牙中央银行	Banco de Espana	2006 年 4 月 10 日
19. 泽西岛金融服务委员会	Jersey Financial Services Commission	2006 年 4 月 27 日
20. 土耳其银行监理署	Banking Regulation and Supervision Agency of Turkey	2006 年 7 月 11 日
21. 泰国中央银行	Bank of Thailand	2006 年 9 月 18 日
22. 乌克兰中央银行	National Bank of Ukraine	2007 年 1 月 30 日
23. 白俄罗斯国家银行	National Bank of the Republic of Belarus	2007 年 4 月 23 日
24. 卡塔尔金融中心监管局	Qatar Financial Centre Regulatory Authority	2007 年 5 月 11 日
25. 冰岛金融监管局	Icelandic Financial Supervisory Authority	2007 年 6 月 11 日
26. 迪拜金融服务局	Dubai Financial Services Authority	2007 年 9 月 24 日
27. 瑞士联邦银行委员会	Swiss Federal Banking Commission	2007 年 9 月 29 日

续表

机构名称	机构外文名称	生效时间
28. 荷兰中央银行	De Nederlandsche Bank	2007 年 12 月 25 日
29. 卢森堡金融监管委员会	Commission de Surveillance du Secteur Financier Luxemburg	2008 年 2 月 1 日
30. 越南国家银行	State Bank of Vietnam	2008 年 5 月 5 日
31. 比利时金融监管委员会	Banking, Finance and Insurance Commission of Belgium	2008 年 9 月 25 日
32. 爱尔兰金融服务监管局	Irish Financial Services Regulatory Authority	2008 年 10 月 23 日
33. 尼日利亚中央银行	Central Bank of Nigeria	2009 年 2 月 6 日
34. 马来西亚中央银行	Bank Negara Malaysia	2009 年 11 月 11 日
35. 台湾方面金融监督管理机构	Financial Supervisory Commission Chinese Taipei	2009 年 11 月 16 日
36. 捷克中央银行	The Czech National Bank	2010 年 1 月 5 日
37. 马耳他金融服务局	The Malta Financial Services Authority	2010 年 2 月 2 日
38. 印度尼西亚中央银行	Bank of Indonesia	2010 年 7 月 15 日
39. 南非储备银行	The Bank Supervision Department of the South African Reserve Bank	2010 年 11 月 17 日
40. 塔吉克斯坦国家银行	National Bank of Tajikistan	2010 年 11 月 25 日
41. 印度储备银行	Reserve Bank of India	2010 年 12 月 16 日
42. 古巴中央银行	Central Bank of Cuba	2011 年 6 月 5 日

续表

机构名称	机构外文名称	生效时间
43. 智利银行和金融机构监理署	The Superintendency of Banks and Financial Institutions of Chile	2011 年 6 月 9 日
44. 阿联酋中央银行	The Central Bank of the United Arab Emirates	2011 年 7 月 13 日
45. 塞浦路斯中央银行	The Central Bank of Cyprus	2011 年 7 月 15 日
46. 阿根廷中央银行金融交易机构监管署	The Central Bank of Argentina（The Superintendence of Financial and Exchange Entities）	2011 年 10 月 5 日
47. 耿西金融服务委员会	Guernsey Financial Services Commission	2011 年 11 月 15 日
48. 巴西中央银行	Banco Central do Brazil	2012 年 6 月 21 日
49. 柬埔寨国家银行	National Bank of Cambodia	2013 年 4 月 8 日
50. 马恩岛金融监管委员会	The Financial Supervision Commission of the Isle of Man	2013 年 4 月 15 日
51. 赞比亚中央银行	Bank of Zambia	2013 年 4 月 25 日
52. 乌拉圭中央银行金融服务监管署	Superintendencia de Servicios Financieros del Banco Central del Uruguay	2013 年 5 月 27 日
53. 以色列银行	The Supervisor of Banks at the Bank of Israel	2013 年 5 月 27 日
54. 巴林中央银行	The Central Bank of Bahrain	2013 年 9 月 16 日
55. 哈萨克斯坦国家银行	The National Bank of Kazakhstan	2013 年 9 月 25 日

附录二

主要中资银行中英文名称简表

银行类别	中文名称	英文名称	英文简称
国家开发银行及政策性银行（3家）	国家开发银行	China Development Bank Corporation	CDB
	中国进出口银行	The Export – Import Bank of China	EIBC
	中国农业发展银行	Agricultural Development Bank of China	ADBC
国有商业银行（5家）	中国工商银行股份有限公司	Industrial and Commercial Bank of China Limited	ICBC
	中国农业银行股份有限公司	Agricultural Bank of China Limited	ABC
	中国银行股份有限公司	Bank of China Limited	BOC
	中国建设银行股份有限公司	China Construction Bank Corporation	CCB
	交通银行股份有限公司	Bank of Communications Co., Ltd.	BCM
股份制商业银行（12家）	中信银行股份有限公司	China CITIC Bank Corporation Limited	CNCB
	中国光大银行股份有限公司	China Everbright Bank Co., Ltd.	CEB
	华夏银行股份有限公司	Hua Xia Bank Co., Limited	HXB
	中国民生银行股份有限公司	China Minsheng Banking Corp., Ltd.	CMBC
	招商银行股份有限公司	China Merchants Bank Co., Ltd.	CMB
	兴业银行股份有限公司	Industrial Bank Co., Ltd.	CIB

续表

银行类别	中文名称	英文名称	英文简称
股份制商业银行（12 家）	广发银行股份有限公司	China Guangfa Bank Co. , Ltd.	CGB
	平安银行股份有限公司	Ping An Bank Co. , Ltd.	PAB
	上海浦东发展银行股份有限公司	Shanghai Pudong Development Bank Co. , Ltd.	SPDB
	恒丰银行股份有限公司	Evergrowing Bank Co. , Ltd.	EGB
	浙商银行股份有限公司	China Zeshang Bank Co. , Ltd.	CZB
	渤海银行股份有限公司	China Bohai Bank Co. , Ltd.	CBHB
邮政储蓄银行（1 家）	中国邮政储蓄银行股份有限公司	Post Savings Bank of China	PSBC
城市商业银行（有海外机构的 5 家）	北京银行股份有限公司	Bank of Beijing Co. , Ltd.	BOB
	上海银行股份有限公司	Bank of Shanghai Co. , Ltd.	BOSC
	富滇银行股份有限公司	Fudian Bank Co. , Ltd.	FDB
	东莞银行股份有限公司	Bank of Dongguan Co. , Ltd.	BOD
	厦门国际银行股份有限公司	Xiamen International Bank Co. , Ltd.	XIB

后　记

　　《中资银行海外机构名录（2014 版）》（以下简称《名录》）历时半年编写完成。中国银监会王兆星副主席长期以来一直关心中国银行业"走出去"的情况，对《名录》的出版给予了大力支持，并在百忙之中为本书撰写了序言。在本书编写过程中，中国银监会国际部范文仲主任和张利星副主任给予了悉心指导并仔细审阅了书稿，王胜邦副主任也提出了宝贵意见。参与本书编写工作的人员包括中国银监会国际部卢巍、吴婕、李伟、张璐、张惠智、李诗阳等。以下银行的海外或国际事务主管部门为本书提供了大量的资料和数据支持：国家开发银行、中国进出口银行、中国工商银行、中国农业银行、中国银行、中国建设银行、交通银行、中信银行、光大银行、招商银行、广东发展银行、中国民生银行、上海浦东发展银行、平安银行、北京银行、上海银行、富滇银行、厦门国际银行、兴业银行、东莞银行。在此，向所有在本书编写和出版过程中为之付出的人们表示衷心的感谢！

　　与此同时，在本书编撰出版期间，又有两家中资银行分别获得中国银监会和香港金融管理局批准，首次在香港成立分支机构，它们是兴业银行和东莞银行。这一变化使得在海外设有分支机构的中资银行数量上升至 20 家，而中资银行设立的海外一级机构也达到 171 家。

　　编写本书时，为求数据的统一完整，《名录》中所涉统计数据均以 2013 年 12 月 31 日为时间截点，且所列中资银行海外机构均于上述日期前取得了中国银监会和当地监管当局的批准。另外，"中资银行海外发展情况简介"的内容由中国银监会国际部从各家银行机构汇总整理而成，其中"海外发展历程简介"及"海外发展现状"两部分内容中的文字描述不代表监管机构的意见或评价。接下来，随着越来越多的中资银行"走出去"，中国银监会国际部将根据相关变化情况，每年或每两年就《名录》中的信息和数据作出更新并再版。

在本书编纂过程中，编者始终秉持着严谨认真的态度，但由于时间仓促，书中个别内容和数据难免仍有纰漏，恳请各位读者批评指正。

编写组

二〇一四年十月